내 인생의 운명을 바꾸는
자신감 철학

LA CONFIANCE EN SOI. Une philosophie
by Charles Pépin

ⓒAllary Éditions 2018
Published by special arrangement with Allary Éditions in conjunction with their duly appointed
agent 2 Seas Literary Agency and co-agent EntersKorea

Korean language edition ⓒ2019 by MIRAE TIMES (imprint of ITEM BOOKS)

이 책의 한국어판 저작권은 (주)엔터스코리아를 통한 저작권자와의 독점 계약으로
아이템하우스가 소유합니다. 저작권법에 의하여 한국 내에서 보호를 받는 저작물이므로 무단전재와
무단복제를 금합니다.

내 인생의
운명을 바꾸는
자신감 철학

샤를 페팽 지음 김보희 옮김

내가 원하는 삶을 살아가기 위한 자신감 법칙
LA CONFIANCE EN SOI UNE PHILOSOPHIE

아이템하우스

한국 독자들에게
자신감을 선물하고 싶습니다

한국이라는 아름다운 나라에서 이 책이 출간된다고 하니 몹시 기쁩니다. 저는 이 책을 통해 자신감을 보다 넓은 의미로 바라봐야 한다는 점을 강조하고자 했습니다. 자신감을 가진다는 것은 결국 타인에 대한 믿음이자 자기 행동에 대한 믿음, 더 나아가 삶에 대한 믿음이기 때문입니다.

물론 끊임없는 연습과 훈련으로 자신의 능력을 높이면 자신감도 생기게 마련이지만 이런 기술적인 측면 외에도 관계적인 측면을 잊어서는 안 될 것입니다. 실제로 그 누구를 통해서도 안심해본 적 없고, 그 누구에게도 신뢰를 받아본 적 없는 사람들은 자신감을 가질 수 없기 때문입니다.

이처럼 자신감은 타인에게서 얻을 수도 있고, 또한 타인에게 돌려줄 수도 있는 하나의 선물입니다. 자신감이 지닌 이 두 가지 여정, 즉 기술적인 면과 관계적인 면을 따라가다 보면 우리는 더욱 포괄적인 자기 신뢰를 만나게 될 것입니다. 자기 신뢰와 타인에 대한 신뢰, 더 나아가 삶에 대한 신뢰는 진정한 자신감의 토양이 되어줄 수 있습니다.

자신감을 얻는다는 것은 스스로의 실력을 높이는 동시에 좋은 관계를 맺고, 긍정적인 삶을 받아들인다는 뜻입니다. 그 누구도 처음부터 자신감을 타고나는 것은 아닙니다. 스스로를 틀에 가두지 않고 모든 가능성과 두려움을 받아들이는 법을 배운다면 우리는 자신감을 가지고 세상으로 나아갈 수 있습니다. 그때는 비로소 자신이 원하는 삶을 마음껏 살아갈 수 있습니다. 언제나 자신의 능력과 가능성을 믿고 더 나은 세상을 향해 한 걸음 내딛기를 바랍니다.

샤를 페펭

이 책을 빅토리아와 마르셀과 조지아에게 바친다.
너희를 지켜보는 것만으로도 나 자신을, 삶을,
그리고 너희를 신뢰할 수 있기 때문이다.

자신만의 자유를 움켜쥐고 자신의 별을 찾아서

김경집_인문학자

 해고의 공포와 본인의 의지와 상관없이 내쳐질 수 있다는 두려움이 뒤덮을 때 너 나 할 것 없이 자기계발서를 찾는다. 사실 자기계발서의 요구 사항을 따르는 것이 만만한 일이 아니지만 그래도 불안과 공포를 이겨내고 기왕이면 더 나은 기회를 얻기 위해 자신을 계발해야 하겠다는 절박함 때문이다.
 처음에는 그래도 제법 품격을 갖춘 책들이 나왔지만 시간이 흐를수록 노골적이고 천박할 정도로 돈과 성공에 대한 기대와 허상에

호소한 것들까지 쏟아져 나왔다. 많은 사람들이 그 폐허 더미 근처에서 얼씬거리며 미련을 버리지 못하고 있다.

그런데 과연 힘들게 그걸 따른 사람들이 성공했는가? 살림살이가 조금이라도 나아졌는가? 아니다. 그런 경우는 별로 없었다. 여러 권의 자기계발서를 섭렵해도 그랬다. 그렇다면 물었어야 한다. 왜 아무런 변화와 발전이 없었는가?

대부분의 자기계발서는 미국에서 출간된 것인데, 미국의 자기계발서의 특징 가운데 하나는 그 뿌리가 복음주의교회의 신앙에 맞닿아 있다는 점이고, 다른 하나는 모든 문제를 개인으로 치환한다는 점이다. 그렇기 때문에 우리의 현실에서 아무리 개인이 자신을 계발하더라도 사회구조적 모순이 그대로 존재하는 한 거의 별무소득이었던 것이다.

그러자 조금씩 자기계발서에 회의를 갖게 되거나 열기가 식더니 엉뚱하게(?) 위로의 코드로 전환하고 다시 힐링으로 전환하며 소비했다. 그러나 그 또한 사회적 위로와 사회적 힐링이 아니라 개인의 영역으로 환원되는 것들이었다. 그러면서 맞닥뜨리게 되는 근원적 고민에 대해 묻기 시작했다. "나라는 존재는 과연 무엇인가?", "내 인생은 도대체 왜 이럴까?", "세상은 어떻게 돌아가는 거지?" 그게 바로 철학, 문학, 역사의 영역이었고 그 열풍이 인문학으로 이어진 것이다.

  인문학은 분야와 영역을 막론하고 모든 문제가 궁극적으로는 인간의 문제로 귀결된다는 것이며, 나와 세상의 관계를 섬세한 사유, 풍부한 감성, 다양한 감각으로 읽어내는 것이다. 그러나 인문학에서 성찰은 빠지고 변종 자기계발 혹은 그럴듯한 관념적 위로와 허위적 힐링으로 변질된 경우가 허다하다. 과연 지금 우리가 현재 소비하는 인문학들이 그 역할을 제대로 수행하는지, 독자와 소비자가 그것을 읽어내고 있는지 차분히 성찰해 봐야 할 때다.

  그런 시점에서 미국이 아닌, 특히 프랑스에서 출간된 이 책은 기존의 미국산 자기계발서와는 결이 완전히 다를 뿐 아니라 인문적 성찰을 통해 인간 존재로서 나의 의미와 가치에 대해 진지하게 생각하도록 이끈다는 점에서 매우 매력적이다. 그렇다고 현학적인 개념이나 이론으로 현혹하지도 않으면서 그 성찰의 깊이를 자연스럽게 자신의 내면과 실존의 문제로 잇게 함으로써 나를 중심으로 삶의 의미와 가치를 실현할 수 있는 과제를 제시한다.

  기존에 익숙한 미국산 자기계발서는 온갖 MSG로 미화하고 분식하면서 그럴듯하게 유혹하지만, 이 책은 그 시작과 끝이 자신의 존재와 삶에 대한 진지한 성찰과 확고한 자신감 그리고 거기에서 비롯된 자존감이어야 한다고 강조한다.

성공과 이른바 대박을 꿈꾸는 이들에게는 이런 방식의 자기계발이 성에 차지 않을 것이다. 솔직히 그런 사람들은 이 책을 읽지 않아도 된다. 그들은 달콤한 유혹 그러나 도저히 개인의 힘만으로는 도달할 수 없는 집단최면 혹은 집단사기극 같은 책에서 벗어나지 못할 것이다.

이 책의 매력은 여러 철학자, 사상가, 예술가, 학자, 작가 등이 출현해서 좋은 말로 도닥이는 것이 아니다. 어설프고 근거 없는 처방전 따위는 없다. 그래서 솔직하고 담백하다.

저자는 이른바 '성공학'의 전도사가 아니다. 20년 넘게 고등학생들에게 철학을 가르치면서 스스로 깨닫고, 주장하고 비판할 수 있는 능력을 갖고, 자신만의 생각과 직관과 미래를 믿도록 도와온 사람이다. 그래서 어설프고 허황된 성공의 신화 따위에 밀어 넣지 않는다.

자기를 신뢰할 수 있는 힘을 기르고 강화함으로써 불안을 마주할 용기를 갖고 의심에 맞서며 그 안에서 도약할 힘을 찾도록 격려한다.

제대로 된 진짜 자기계발서란 바로 이런 것이다! 물질적 성공에만 함몰되어 정작 자신의 삶에 대한 성찰은 없으면서 끊임없이 불안해하고 두려워하며 전전긍긍하는 모습에서 벗어나야 한다. 우리는 그런 뻘짓을 20년 가까이 해오지 않았는가. 이제라도 그 허상에서 탈출해야 한다. 그런 의미에서 이 책은 최상의 가이드북이다.

저자가 초대하는 철학자, 사상가, 종교인, 학자, 예술가, 작가 등은 그럴듯한 말로 현혹하거나 설득하려 하지 않는다. 스스로 생각을 다듬고 의식을 다잡으며 내 삶의 주인으로 당당하게 살 수 있는 용기와 자신감을 불어넣는다. 그 궁극적인 종착점은 나 자신이다. 그러므로 나 자신에 대한 깊은 성찰과 신뢰가 필요하다. 그 가치를 저자는 윽박지르지 않고 전달한다.

미국산 자기계발서의 당의정에 익숙한 사람들에게는 다소 낯설지 모른다. 그러나 차분히 이 책을 음미해 보면 진정한 성공이란 자신에 대한 신뢰를 바탕으로 자존감과 존재의 의미를 인식하고 그것을 실현하는 것임을 스스로 깨닫게 될 것이다.

이제라도 허접한 미국산 자기계발서에서 벗어나 나 자신을 직시하며 내가 살고 있는 사회에 대한 통찰력을 갖고 당당한 걸음을 내디뎌야 한다. 진정한 의미의, 제대로 된 자기계발서를 이제라도 만나게 된 것은 큰 행운이다.

자신감은 어디에서 오는가

    그동안 네발자전거를 타던 아이가 오늘 아침에 보조바퀴를 떼어냈다. 이제 만 네 살 된 아이는 두발자전거에 올라 쏟아지는 햇빛을 받으며 앞으로 나아가기 시작했다. 아이의 아버지는 한 손을 아이의 등에, 다른 한 손은 자전거 안장에 얹고 함께 달렸다.

    아이는 핸들을 꽉 잡고 점점 더 빠르게 페달을 밟았다. 점점 자신감이 붙어 페달에 가속을 더하는 아이에게 아버지는 응원의 말을 이어갔다.

"멈추지 말고 밟으렴."
"앞에 잘 보고!"
"그렇지!"

그러면서 아버지는 안장에 얹었던 손을 슬며시 놓았다. 아이는 점점 더 속도를 내며 달려갔다. 아버지가 잡아주지 않는데도 균형을 잡으며 앞으로 나아가는 것이다. 아버지가 더 이상 잡고 있지 않다는 것을 알아차린 아이는 기쁨의 탄성을 지르며 더욱 빠르게 나아갔다. 마치 하늘로 날아오르는 듯한 기분이었다. 아이는 어느 순간 무언지 모를 자신감을 느끼기 시작했다.

처음 두발자전거를 타고 달릴 때 느끼는 감정은 아마도 인간이 생애 처음으로 경험하는 자신감일 것이다.

그렇다면 이러한 자신감은 어디에서 오는 것일까? 무엇이 자신감을 만드는 것일까? 자신의 자전거 타는 실력에 대한 믿음일까, 아니면 아버지가 뒤에서 안전하게 잡아주고 있다는 믿음에서 나오는 것일까?

자신감은 일종의 연금술과도 같다. 여러 요소들이 합쳐져서 만들어지니 말이다. 자신감을 얻는 방법은 여러 가지 있겠지만 일단 자신감을 얻고 나면 긍정적인 영향을 미친다.

무대의 여왕으로 불리는 마돈나는 평생 동안 끊임없이 새로운 모습을 보여주고 있는 아티스트다. 하지만 어린 시절의 마돈나는 몹시 소심한 아이였다. 다섯 살 때 어머니가 세상을 떠나게 되면서 많은 상처를 받고 자랐기 때문이다. 그렇게 어렵고 의기소침하던 그녀가 지금은 그토록 자신만만한 태도를 가지게 된 이유가 무엇일까?

파트릭 에드랑제 Patrick Edlinger 는 자유 등반의 선구자로 암벽을 오를 때면 그 몸짓이 너무도 유연해서 마치 공중에서 춤을 추는 것처럼 보인다. 손을 바꿔 암벽을 붙잡을 때도 평온하고 흔들림 없는 모습을 보여준다. 그토록 자신만만하게 완벽한 암벽 등반을 할 수 있는 비밀은 대체 무엇일까?

전투기 조종사들은 한밤중에 항공모함 위로 착륙할 때 아무것도 보이지 않는 어둠 속에서 시속 250킬로미터 속도로 날아와 짧기만 한 활주로 위에 정확히 내려앉는다. 그처럼 위험천만한 비행을 하면서도 어떻게 두려워하지 않을 수 있는 걸까?

사고가 일어나 혼란스러운 상황에서도 구조대원들은 부상의 정도를 확인해 우선적으로 치료해야 할 응급환자들을 즉각적으로 구분한다. 그만큼 절체절명의 위기 상황에서 어떻게 실수하지 않을 수 있는 걸까?

수많은 관중 앞에서 즉흥 연주를 하는 음악가들은 어떤가? 매치 포인트에서 흔들림 없이 라켓을 휘두르는 테니스 선수들은 어떤가? 시험에서 최고의 점수를 내는 학생들은 어떤가?

자기 생각에 귀를 기울이고 삶을 직접 이끌어가는 수많은 사람들의 자신감은 대체 어디서 나오는 것일까?

두발자전거를 탄 어린아이를 통해 그 답을 찾아볼 수 있다. 아이가 자신감을 가질 수 있는 원동력은 3가지다.

우선 아이는 아버지 덕분에 앞으로 나아갈 수 있었다. 즉, 아버지에 대한 믿음이 자신감을 불러일으킨 것이다.

다음은 자전거를 타는 실력이다. 아이는 아버지에게서 페달을 밟는 법, 핸들을 잡는 법을 배웠다. 자전거를 탈 줄 몰랐다면 자신감을 가질 수 없었을 것이다. 자기 실력에 대한 믿음이 자신감을 만들어낸다는 것이다.

자전거에 속도가 붙기 시작했을 때 흘러넘치던 기쁨은 단순히 자전거를 탈 수 있게 된 데서 오는 만족감을 뛰어넘는 감정이다. 이것은 더욱 포괄적이며 더 깊고, 삶에 대한 감사로 울려 퍼지는 기쁨이다.

정도와 형태는 제각각일지라도 우리가 느끼는 자신감의 원동력은 위의 3가지다. 타인에 대한 신뢰, 자기 실력에 대한 신뢰, 그리고 삶에 대한 신뢰에서 모든 자신감이 생긴다. 뭐든지 신뢰하는 어린아이의 순수함을 가지고 나아갈 때 비로소 세상을 긍정적으로 바라보는 자신감이 싹트는 것이다.

크리스티앙 보뱅(Christian Bobin)은 자신감에 대해 다음과 같은 말을 남겼다.

"자신감이란 모르는 것을 향해서도 마치 알고 있는 것처럼 달려갈 수 있는 어린아이 같은 능력이다."

어린 시절 처음으로 자전거를 탔을 때는 의식하지 않았던 위험들이 지금은 신경 쓰이게 마련이다. 분명 이제는 냉철한 시선을 가지게 되었기 때문에 걱정이 생겨나는 것이리라. 하지만 이 냉철함이 앞으로 나아가려는 용기와 힘을 가로막아서는 안 된다. 이런 의미에서 자신감이란 어른의 정신 속에 어린아이의 심장을, 어린아이의 마음을 지니는 것이다.

지금 시대에는 절대적으로 자신을 믿어야 한다. 과거에는 모두에게 각자의 위치가 정해져 있었다. 태어나는 순간 모든 것이 정해졌고 쟁취해야 할 것들도 없었기 때문에 굳이 스스로에 대한 믿음을 가질 필요도 없었다. 그러나 지금 우리는 각자 자유로운 존재로 자신의 운명을 스스로 책임져야 한다.

이제는 어떤 계획을 실행할지, 어떻게 자신의 가치를 증명할지, 어떻게 행복을 쌓아갈지 모두 각자의 몫이 되었다. 각자 자신의 삶을 찾아가야 하는 것이다. 그러기 위해서는 자신에 대한 믿음과 무엇이든 해낼 수 있다는 자신감이 필요하다.

한편 자기 자신에 대한 믿음을 가지는 것이 이처럼 중요하면서도 힘들었던 적이 없었다. 예전에는 자동차 엔진을 고치거나 사다리를 직접 만드는 것만으로도 지친 마음을 치유할 수 있었다. 텃밭에서 키운 채소만으로도 가족들을 배불리 먹였다. 그러나 회의실에 앉아 있거나 이메일에 답장을 하며 하루를 보내는 지금의 시대에는 이런 효과를 기대할 수 없다.

현대 사회의 생산 체계는 너무도 정교해서 내가 하고 있는 일이 무엇인지 더 이상 알 수 없다. 절차를 준수하고 있지만 내가 하는 일이 무엇인지 정확히 말할 수 없는 것이다. 수많은 곳에 접속해 있지만 가장 단순한 '무언가를 하는 행동'과는 너무 멀어져 자신에 대한 믿음을 가질 기회들을 잃어버렸다. 이제 우리는 그러한 믿음을 다지기 위한 초석을 다시 쌓아야 한다.

마돈나, 파트릭 에드랑제, 조르주 상드, 세레나 윌리엄스 등 수많은 사람들이 걸어온 길을 살펴보면, 자신감은 타고나는 것이 아니라 직접 만들어나가야 하는 것임을 알 수 있다.

자신감이란 언제나 오랫동안 인내심을 가지고 얻어내야 하는 것이다. 이렇게 쌓아올린 자신감이 최고점에 이르렀을 때 큰 환희를 안겨줄 기회를 만나게 된다.

한편 자신감의 바탕이 되는 자신에 대한 믿음, 즉 자기 신뢰의 신비를 이해하기 위해 고대 현인들이나 에머슨Ralph Waldo Emerson, 니체Friedrich Nietzsche, 베르그송Henri Bergson 등의 현대 철학자들에게 귀를 기울여볼 수도 있다. 일찍이 지혜를 터득한 사상가들은 대부분 간접적인 방식으로 자기 신뢰를 논한다. 해방감이나 담대함, 유일무이함에 대한 철학적 고찰은 사실 자기 신뢰에 대해 이야기하고 있는 것이다.

심리학자 보리스 시륄니크Boris Cyrulnik나 정신분석학자 자크 라캉Jacques Lacan의 이론 속에서, 여러 연구학자나 교육학자들의 연구 활동 속에서, 운동선수, 전투기 조종사, 구조대원들의 경험 속에서, 시인들의 글과 위대한 신앙인들의 비전 속에서 자기 신뢰의 비밀을 찾아볼 수 있다.

자신감의 원동력을 이해하기 위해서는 실제 우리의 삶을 관찰하면서 자신감이 생겨나는 과정을 지켜봐야 한다. 험하고 굴곡 많은 세상의 경사들을 자신 있게 헤쳐 나가는 자신감의 원천인 자기 신뢰가 어떻게 해서 만들어지는지를 알면 세상을 긍정적으로 살아가는 방법을 자연스럽게 터득할 수 있다.

| 목차 |

한국 독자들에게_샤를 페팽 004
추천사_김경집 007
프롤로그_자신감은 어디에서 오는가 012

제1법칙
자신감은 어떻게 만들어지는가
– 자신감을 끌어내는 결정적인 한마디가 있다

1. 자신감을 끌어내는 단 한마디 027
2. '너는 할 수 있다'가 '나는 할 수 있다'로 바뀌는 기적의 순간 034
3. 나를 찾는 것에서 자신감이 시작된다 041
4. 낯선 곳을 향해 첫걸음을 떼는 것 048

제2법칙
실력이 곧 자신감이다
– 두려움이 사라질 만큼 탄탄한 실력을 쌓아라

1. 실력이 자신감으로 이어지는 순간 055
2. 작은 성공들이 자신감으로 쌓인다 063
3. 작은 변화가 큰 차이를 만든다 070

제3법칙
내 마음의 소리를 따른다
– 자기 확신과 자기 신뢰가 자신감을 불러일으킨다

1. 자신감은 시간에 쫓기지 않는 것 081
2. 자신감은 방향을 잃지 않는 것 087

제4법칙
자신감은 결단력에서 비롯된다
– 망설임 없이 선택하고 결정하는 법

1. 모든 결정은 불확실하다 099
2. 도전하기 전에 결정할 것 106
3. 사소한 것부터 결정하는 훈련 112

제5법칙
작은 성공이 자신감을 더욱 키운다
– 매일 1가지씩 성공의 경험을 하는 법

1. 매일매일 성공을 맛보는 법 121
2. 호모 파베르의 자신감 수업 131

제6법칙
자신감은 일단 시작하는 것이다
– 예측 불가능한 것들까지 즐기는 법

1. 한 걸음 내딛는 순간 139
2. 행동하면서 생각하라 144

제7법칙
누군가처럼 되고 싶을 때 자신감이 생긴다
– 나의 욕망을 깨워줄 사람을 찾아라

1. 멈추지 않고 나아가는 힘 155
2. 나답게 사는 법 160
3. 나만의 길을 찾아내는 법 164

제8법칙
남과 비교하지 마라
– 오직 나의 욕망에 충실하며 살아가는 법

1. 그 무엇과도 비교할 수 없는 '나' 173
2. 욕망은 나의 것 178

제9법칙
자신감은 가능성을 믿는 것이다
– 모든 좋은 것들이 앞날에 펼쳐져 있다고 믿는 법

1. 안전지대 밖으로 한 걸음 내딛는 것 187
2. 두려움을 길들이는 법 196

에필로그 208

"최고의 무기는 자신감이다. 아무 상품이 없을 때도,
MS-DOS로 성공을 거둘 때도 자신감을 무기로 기회를 잡았다."

_빌 게이츠

제1법칙

자신감은 어떻게 만들어지는가

자신감을 끌어내는 결정적인 한마디가 있다

1
자신감을 끌어내는 단 한마디

자신감에 대해 이야기하기 전에 먼저 자신감이란 무엇인지 알아보자. 웹스터 사전에는 자신감을 "자신에게 능력이 있다거나 의지할 곳이 있다는 믿음, 자신이 바르고 적절하게 혹은 효과적으로 대응할 수 있다는 믿음"이라고 정의했다.

자신과 자신의 능력에 대한 믿음이 자신감을 높인다는 데는 이견이 없을 것이다. 결국 자기 신뢰가 자신감으로 연결되고 이런 자신감이 세상을 성공적으로 살아가는 데 절대적으로 필요한

마인드다.

소심한 아이도 자신감을 품고 있다

당신의 꿈이 무엇이냐는 질문에 당당히 "세계를 다스리는 것"이라고 말하는 여성이 있다. 비욘세, 레이디 가가, 케이티 페리 등 현재 세계를 지배하는 미국 여성 팝가수들의 워너비이자 롤모델인 마돈나는 데뷔한 지 40년이 넘은 지금까지도 파격적이고 자신감 넘치는 모습을 잃지 않는다.

마돈나는 여리여리하고 부드러운 여성상이 지배하던 1980년대에 남자들을 주도하는 카리스마와 자신감으로 전 세계의 주목을 받았다. 수많은 여성들에게 마돈나는 자신들의 억눌렸던 욕구를 대변하는 존재였고, 그녀의 모습에서 잠재되어 있던 자신감을 끌어내곤 했다. 노랫말과 무대 퍼포먼스뿐 아니라 정치적인 입장도 거침없이 표현하는 마돈나에게서 자신감 없는 모습을 단 1퍼센트도 찾아볼 수 없다.

하지만 마돈나는 타고난 성격이 자신감에 넘쳤던 것은 아니다. 어린 시절 불우한 환경에서 자란 그녀는 몹시 소심한 아이였다. 다섯 살이 되었을 때 어머니가 유방암으로 세상을 떠났고, 아버지는 곧바로 새어머니와 아이를 낳아 가정을 꾸렸던 것이다. 이러한 가정환경에서 자존감을 찾기란 어려운 일이었다.

마돈나는 아주 어릴 때부터 피아노와 클래식 발레를 배웠지만 천재적인 재능을 지니고 있었다기보다 노력으로 따라가는 듯한 느낌이었다.

그러다 청소년이 되었을 때 인생을 완전히 바꿔준 사람을 만났다. 새어머니의 손에 이끌려 디트로이트에 있는 가톨릭 학교에 들어간 마돈나는 여기서 무용 교사 크리스토퍼 플린Christopher Flynn 선생님을 만났다. 연말 발레 공연을 준비하던 마돈나는 태어나서 한 번도 들어본 적 없는 말을 플린 선생님에게 들었다.

"너는 아름답고 뛰어난 재능을 가졌으며, 폭발적인 카리스마를 지니고 있어."

수년 후 마돈나는 이 말이 자신의 인생을 바꾸어놓았다고 회상했다. 그 전까지 그녀는 자신감을 가져본 적이 없었다. 하지만 그 말을 들은 뒤 뉴욕에서 댄서로 활약하는 자신의 모습을 그려볼 수 있게 된 것이다.

마침내 자신감을 되찾은 마돈나는 그해 연말 발레 공연에서 옷을 반쯤 벗어던진 채 에너지 넘치는 무대를 선보여 선생님을 비롯한 모든 사람들을 깜짝 놀라게 했다.

마돈나는 플린 선생님의 한마디에 다시 태어났다. 다른 피아노 교사나 무용 교사들도 있었지만 그들은 마돈나에게 테크닉이나 기법만을 가르칠 뿐 그녀에게 자신감이라는 선물을 안겨주지는 못했다.

오래전 니스에서 열린 마돈나의 콘서트에 간 적이 있다. 당시 열여덟 살이었던 나는 그녀가 무대에서 보여주는 폭발적인 장악력과 뛰어난 춤과 노래, 자유로움에 매료되었다. '라이크 어 프레이어Like A Prayer'를 부르는 마돈나의 얼굴이 무대의 대형 스크린에 비치던 순간을 지금도 선명하게 기억하고 있다. 눈 안으로 땀이 흘러내리고 있었지만 그녀의 눈빛과 미소에서는 커다란 고마움 같은 것이 느껴졌다.

물론 마돈나는 실력과 경험을 고루 갖춘 뛰어난 가수다. 무대 위를 종횡무진하는 그녀는 이미 수년 간의 무대 경험을 가지고 있다. 하지만 카리스마 넘치는 모습을 끊임없이 보여줄 수 있는 데는 그 이상의 무언가가 존재한다. 그녀는 관객들이 보내는 신뢰의 눈빛에서 자신감을 얻고 있었던 것이다.

당시에는 대형 스크린에 비쳤던 그녀의 표정이 어떤 의미인지 알지 못했다. 하지만 지금에 와서 그 미소를 떠올려보면 그녀는 관중들에게서, 다른 사람들에게서, 그들의 에너지 속에서, 그리고 어쩌면 그들의 사랑 속에서, 오래전 무용 선생님의 눈빛에서 발견했던 바로 그 신뢰를 다시 찾아내고 있었던 것 같다.

결국 마돈나는 비록 어린 시절에는 충분한 안정감을 느낄 수 없었지만 플린 선생님의 절대적인 신뢰의 말에 용기를 얻어 부족한 부분을 채울 수 있었다.

'하고 싶다'에서 '할 수 있다'로

신뢰의 말 한마디가 마돈나처럼 불우한 환경에서 자란 사람들에게만 결정적인 영향력을 미치는 것은 아니다. 어린 시절 안정적이고 따뜻한 가정에서 자란 사람들에게도 결정적인 한마디가 내재된 자신감을 끌어내기도 한다. 다만 경험하는 방식이 조금 다를 뿐이다.

이들은 결정적인 순간에 부딪힐 때마다 초기에 경험했던 신뢰가 되살아난다. 이러한 신뢰는 자기 앞에 닥친 여러 가지 장애와 불안을 떨쳐내고 자신만의 능력을 발휘할 수 있는 자신감을 길러주는 인생의 자양분이 되곤 한다.

프랑스의 테니스 선수 야니크 노아Yannik Noah는 부모님의 사랑 속에서 어린 시절을 보냈다. 사이가 좋았던 그의 부모님은 어린 노아를 소중히 돌봤다. 그러던 중 열한 살이 되던 해에 당시 세계 4위의 테니스 선수였던 아서 애시Arthur Ashe와 우연히 마주치게 되었다. 아프리카를 순회하던 중 카메룬 야운데에 잠시 들른 애시는 그곳에서 만난 노아와 몇 차례 공을 주고받았다. 어린 노아의 실력에 놀란 애시는 자기가 쓰던 라켓을 노아에게 선물했다.

이튿날 미국으로 돌아가기 위해 비행기를 타러 가던 애시는 공항 한복판에서 노아와 다시 한 번 마주쳤다. 한 손에 챔피언 포스터를 든 채 가쁜 숨을 몰아쉬던 노아는 애시에게 사인을 해달라며 포스터를 내밀었다. 애시는 사인과 함께 다음과 같은 메시지를 적어주었다.

"윔블던에서 만나자!"

그로부터 몇 년 뒤 노아는 프랑스 오픈에서 우승을 차지하고 애시를 다시 만났다. 짧지만 강렬한 애시의 메시지가 노아에게 가장 멋진 선물이 되었던 것이다. 그의 가슴을 뛰게 만든 이 말은 항상 그의 뒤를 따라다녔다. 이 한마디 덕분에 노아는 자기 안에 있는 별을 믿을 수 있게 됐고, 나아가 애시처럼 뛰어난 테니스 선수가 될 수 있었다.

마돈나와 야니크 노아의 이야기를 통해서 알 수 있듯이, 우리는 교사나 친구의 마음이 담긴 몇 마디 말만으로도 '할 수 있다'는 자신감을 얻을 수 있다. 마음에서 우러난 말은 한 사람의 인생에 신뢰를 안겨주기에 부족함이 없다. 마음에서 우러난 진심 어린 몇 마디에서 자신을 신뢰하게 되고, 이것은 곧 세상에 당당히 맞설 수 있는 자신감을 심어준다.

2
'너는 할 수 있다'가 '나는 할 수 있다'로 바뀌는 기적의 순간

물론 대단한 연설이나 격려의 말 없이도 자신감을 심어줄 수 있다. 그저 어떤 일을 믿고 맡기는 것만으로도 뭔가를 해낼 수 있는 자신감이 생기는 것이다.

'너는 할 수 있어', '한번 해봐'
한 기업에서 '신뢰의 비밀'이라는 주제로 강연을 한 적이 있다.

강연이 끝난 뒤 한 여성이 나를 찾아와 육아휴직을 마치고 복직을 하는 과정에서 자신감이 떨어졌는데, 어떤 계기로 그 위기에서 벗어날 수 있었다는 이야기를 꺼냈다. 어린아이를 두고 나와야 했던 그녀는 자신이 너무나 약한 존재라는 것을 느꼈고, 과연 회사에서도 주어진 일을 제대로 해낼 수 있을지 의심스러웠다.

복직 후 며칠이 지났을 때 갑자기 상사가 그녀를 불렀다. 최악의 상황을 상상하던 그녀는 자신에게 중대한 일을 맡기려고 한다는 상사의 말에 놀라지 않을 수 없었다. 이렇게 막중한 책임감이 필요한 일을 지금까지 해본 적이 없었다. 그리고 바로 그 순간 그녀는 할 수 있다는 자신감이 솟구치는 것을 느꼈다.

이것은 타인의 신뢰가 자기 신뢰로 전가된 것이라고 할 수 있다. 남들이 내가 할 수 있다고 믿는다면 나 역시 할 수 있다는 믿음이 생기는 것이다.

이 책을 준비하면서 산악인 에릭 드캠Erik Decamp을 만날 기회가 있었다. 공학기술자이기도 한 그는 또 다른 유명한 산악인인 아내 카트린 데스티벨Catherine Destivelle과 함께 히말라야 파빌 봉이나 티베트의 시샤 파마 등 세계에서 손꼽히는 높은 산의 정상에 올랐다. 그리고 산악 가이드로 일하기도 하는데, 이것이야말로 자신감 전문가라고 할 수 있다. 왜냐하면 스스로도 자신감을 가져야 하는 것은 물론 그가 이끄는 등반 참가자들에게도 자신감을 심어주어야 하기 때문이다. 드캠은 자신감이 부족한 참가자에게 사용하는 특별한 전략이 있다. 출발을 앞두고 준비 및 훈련을 하는 내내 특히 불안해하는 참가자를 등반 팀의 리더로 세우는 것이다. 조금 위험해 보일 수 있지만 이 전략은 실제로 효과가 있었다. 많은 참가자들이 이 전략으로 불안에서 벗어나곤 했던 것이다.

등반 참가자들은 가이드에게 신뢰를 받고 있다는 것을 느끼면 자신이 더 강인한 사람이라고 생각했다. 우선 등반을 시작하기 전까지 모든 참가자들과 마찬가지로 그에게도 조언과 설명을 거듭하고 다양한 동작과 지시 사항을 반복해 자신감을 가질 수 있도록 돕는다. 그런 다음 그를 앞에 세워 가이드가 먼저 그를 믿는다는 모습을 보여주면 리더가 된 그는 곧 자신에게 주어진 신뢰에 걸맞은 사람이 된다.

이것은 오늘날 큰 성공을 거두고 있는 마리아 몬테소리[Maria Montessori]의 교육법과도 일맥상통하는 전략이다. 이탈리아 출신의 의사이자 교육학자인 몬테소리는 호의와 신뢰를 기반으로 하는 교육법을 개발해 "아이가 스스로 할 수 있는 일은 절대 돕지 말라"고 강조했다. 다시 말해 아이를 최대한 믿으라는 것이다. 대신 해주기보다 혼자 하도록 내버려두는 것이 아이를 믿는 방법이다.

우리는 뭔가를 빨리빨리 진행하기 위해, 그리고 어떻게 하는지 알려주기 위해서라는 명목으로 아이들이 혼자 할 수 있는 일을 대신 해버린다. 이럴 때 아이들이 짜증을 내는 이유도 바로 이 때문이다. 자신을 믿어주지 않으니 화가 나는 것이 당연하다.

자신감을 주는 사람을 곁에 둬라

아리스토텔레스는 《니코마코스 윤리학Nicomachean Ethics》에서 우정에 대해 매우 독특하고도 정확한 정의를 내렸다. 그는 나를 더 나은 사람으로 만드는 존재를 친구라고 보았다. 친구란 만나면 즐겁고, 나를 발전하게 하는 협력자이고, 내가 더욱 현명하고 명민해질 수 있게 만드는 존재라는 것이다. 뿐만 아니라 이 세상이나 나 자신에 대해 모르고 있었던 측면에 새롭게 눈뜨게 해주는 그런 존재라고 했다. 또한 아리스토텔레스는 친구를 '나의 능력을 실현'하게 해주는 존재라고 보았다. 그러한 친구 덕분에 '잠재되어 있던 가능성'이 실현되는 것이다.

바꿔 말하면 나 자신 또는 나의 능력을 발전시키는 데 도움이 되는 사람이 곧 나의 친구가 된다. 피아노, 무용, 미술을 가르치는 교사, 우연히 마주친 챔피언 선수, 회사의 상사 등이 내가 발전할 수 있는 계기를 만들어준다면 누구나 친구가 될 수 있다. 결국 자신감을 높이기 위해서는 이런 친구들과 좋은 관계를 맺는 것이 중요하다.

아리스토텔레스의 관점에서 볼 때 친구가 될 수 있는 사람들을 일상에서 찾을 수 있다. 운동 코치나 요가 지도자 등을 자주 만나 운동하는 것만으로도 자신감을 얻게 된다. 단순히 운동 실력이 늘었기 때문이 아니다. 타인이 보여주는 관심과 호의를 느끼고 내가 더 발전하기를 바라는 사람들과 함께할 때면 자신을 신뢰할 수 있게 되고 자신감이 솟아나는 것이다.

상대방과 주기적으로 만나면서 발전에 박차를 가할 때 자신감을 경험하곤 한다. 그들이 발전한 내 모습에 뿌듯해하며 내가 어려움에 부딪힐 때면 동기를 부여해 주고 지지해 주고 있음을 느끼면 조금씩 나에 대한 그들의 신뢰가 나 자신의 신뢰로 바뀐다. 이것이야말로 신뢰의 이동이며, 무언가를 배우는 인간 특유의 방식이다.

자신감은 타인이 주는 것

좋은 스승은 먼저 올바른 동작을 반복적으로 연습하게 해서 우리 스스로 안심할 수 있게 해준다. 그리고 난 뒤에는 우리를 믿고 실전에 부딪힐 수 있도록 이끌어준다. 이처럼 타인의 신뢰에는 2가지 측면이 항상 서로 얽혀 나타나곤 한다.

모든 사람들은 신뢰의 2가지 측면을 항상 마음속에 간직하고 있어야 한다. 먼저 안심할 수 있게 해준 다음 믿어줘야 하는 것이다. 우선 안정감을 주고, 뒤이어 조금 '불안'하게 만드는 셈이다. 이 세상을 거침없이 모험하기 위해서는 2가지 모두 필요하다. 그리고 이 2가지는 대부분 나를 바라보는 타인의 시선 속에 뒤섞여 나타나곤 한다. 타인의 눈 속에서 신뢰를 발견할 때 더욱더 강인해지게 마련이다.

철학 강의나 강연을 주로 하는 나 또한 비슷한 경험을 자주 겪곤 한다. 강단 위에서 말이 꼬이거나 주제에서 벗어나면 원래 하려던 얘기를 놓치기 시작하고 결국 자신감이 떨어진다. 그럴 때는 강의를 듣는 학생 또는 청중들의 눈을 보곤 한다. 흥미와 관심으로 빛나는 그 눈빛을 보는 것만으로도 자신감을 되찾고 원래 주제로 돌아갈 수 있다.

또한 방금 막 학생들에게 나눠 준 철학 텍스트가 갑자기 이해되지 않는 순간도 있다. 그럴 때 학생들의 질문을 들으면서 아이들이 나를 신뢰하고 있다는 것을 느끼면 이내 모호했던 텍스트가 명확하게 읽히곤 한다.

내가 이런 이야기들을 꺼내자 에릭 드캠도 똑같은 경험을 할 때가 있다고 답했다. 등반을 시작하는 순간 자신에게 쏟아지는 사람들의 신뢰 덕분에 스스로를 더욱 신뢰할 수 있게 된다는 것이다. 인간이 관계의 동물이라는 점에서 보면 지극히 당연한 일이다. 나와 드캠도 등반 팀의 리더가 되면서 오히려 불안에서 벗어날 수 있었던 아마추어 산악인과 같다.

자신에 대한 타인의 신뢰를 느낄 때 '자기 신뢰'도 생겨나는 법이다. 결국 신뢰란 타인이 내게 주는 선물과도 같다. 그리고 우리는 그 선물을 기꺼이 받아들이면 된다.

3
나를 찾는 것에서
자신감이 시작된다

자신감이 부족한 사람들에 대해 이야기할 때 마치 그것이 개인의 문제인 것처럼 말하는 경우가 있다. 하지만 다른 사람에게서 신뢰를 받아본 적이 없다면, 아무도 그들을 신뢰해 주지 않았다면, 그들이 불안에 떠는 것은 당연한 일이다. 충분한 실력을 가지고 있는데도 자신감이 없는 사람들을 이해하지 못한다면 우리 인간이 실력만 쌓는 고립된 단세포 동물이 아닌, 관계적 존재라는 사실을 잊고 있는 것이다.

원숭이에게는 자신감이 없다

다른 사람에게서 신뢰를 받아본 사람은 살아가면서 자신감이 점점 늘어난다. 그렇게 점점 자신감이 늘어나 일상을 당당하게 살다 보면 어느새 스스로 밝고 생기 넘치는 사람이 된다.

자신에 대한 신뢰는 먼저 타인에 대한 신뢰에서 생겨난다. 역설적인 말처럼 들릴지 모르지만 이 명제는 자기 신뢰의 근본 속성이 무엇인지를 이해하는 데 중요한 단서가 된다.

갓 태어난 신생아는 극도로 연약하고 의존적인 존재다. 태어나서 한동안은 혼자 생존할 수 없다. 어린아이가 살아 있다는 사실 그 자체가 곧 다른 사람들에게 보살핌을 받고 있다는 증거이기도 하다.

다른 사람들의 보살핌이 필요한 이유는 인간이 미숙한 존재로 태어나기 때문이다. 발생학자들의 말에 따르면 본래 태아가 완전히 성숙하기까지는 약 20개월이 필요하다고 한다. 아리스토텔레스도 인간을 완전하지 않은 존재라고 보았다. 이처럼 자연은 인간을 그 어떤 포유류보다 연약하고 부족한 존재로 탄생시키고 있는 셈이다.

실제로 갓 태어난 인간은 걸을 수 없고, 걷는 법을 터득하기까지 보통 1년 정도 걸린다. 반면 망아지는 태어나자마자 몇 시간,

심지어 불과 몇 분 만에 뛰어다닌다. 인간은 자신을 신뢰할 수도 없는 존재로 태어나는 것이다.

이러한 자연적 결핍을 채우기 위해 우리는 문화를 이용한다. 가족이나 타인과의 상부상조, 교육을 통해 부족한 부분을 메우는 것이다. 인간은 이러한 관계의 기술로 자연이 부여하지 않은 신뢰를 가지게 된다.

어린아이는 다른 사람들의 헌신과 보살핌, 자신이 받게 되는 관심과 조건 없는 사랑을 통해 조금씩 자기 신뢰를 쌓아가기 시작한다. 특히 아이들은 자신이 어떤 행동을 하거나 성공했기 때문에 사랑을 받는 것이 아니다. 존재 그 자체만으로 사랑받고 있다. 이것은 자신감의 가장 탄탄한 기반이 된다. 이처럼 타인의 사랑과 보살핌이 불완전한 존재로도 살아갈 수 있는 자신감을 준다.

자크 라캉은 '거울 단계' 이론을 통해 자기 신뢰가 형성되는 유아기의 첫 시기에 대해 설명했다. 유아는 생후 6개월에서 18개월 사이에 처음으로 거울 속에 비친 자신의 모습을 인지하게 된다. 어른의 품에 안긴 채 거울 앞에 선 아이는 자신의 모습을 발견하자마자 자신을 안고 있는 어른을 향해 얼굴을 돌리고 "이게 나예요? 정말요?"라는 눈빛을 보낸다. 그러면 어른은 이 아이에게 미소로, 눈빛으로, 때로는 말로 이렇게 답하며 아이를 안심시킨다.

"그래, 바로 너란다."

처음으로 자신을 발견한 순간은 실로 엄청난 사건이 아닐 수 없다. 최초로 자신을 인식한 순간에도 나와 자신 사이에 이미 타인이 존재하고 있으며, 이 타인을 통해서 비로소 나 자신을 인식할 수 있다. 어린아이가 거울 속에 비친 자신의 모습을 신뢰할 수 있는 것은, 오로지 다른 사람을 신뢰할 수 있기 때문이다. 다른 사람의 눈을 통해 내적 안정을 찾고, 스스로를 인식하는 것이다.

유전적으로 인간과 가장 가까운 동물로 손꼽히는 마카크 원숭이에게도 비슷한 실험을 한 적이 있다. 거울을 발견한 원숭이는 빠르게 거울을 이용하는 지적 능력을 보여주었다. 등이나 엉덩이처럼 거울이 아니면 볼 수 없는 부위를 거울에 비춰 보았던 것이다. 그러나 거울 앞에 선 원숭이가 다른 원숭이들을 향해 얼굴을 돌리는 행동은 하지 않았다. 다른 원숭이에게 눈빛으로 질문을 던지지도 않았다.

물론 마카크 원숭이 역시 다른 동족들에게 뭔가를 배우는 사회적인 동물이다. 그러나 인간처럼 다른 존재에게 의존하며 자신을 발달시키지는 않는다. 인간은 다른 사람 없이는 인간성을 키우지 못하고, 자기 신뢰를 얻지도 못한다.

자신감은 불안감에 맞서 싸우는 것이다

태어나자마자 버려져 동물들(곰, 늑대, 돼지)과 함께 성장하다가 발견된 야생아들을 생각해 보자. 프랑수아 트뤼포François Truffaut 감독의 영화 〈야생의 아이L'Enfant Sauvage 〉에서도 볼 수 있듯이 이러한 아이들은 다른 사람들과 관계를 맺지 못했기 때문에 발달장애를 겪는다.

덫에 걸린 동물처럼 겁을 내며 말 한마디조차 배우지 못하는 야생아의 모습은 마치 인간의 본성을 상실한 것처럼 보인다. 그나마 나은 아이들은 인내심을 가지고 자신들을 돌봐주는 전문가들과 미약하게나마 관계를 맺으며 조금은 발달되기도 한다.

이러한 아이들은 인간에 대한 '애착'이 결핍되어 있다. 자신을 보호해 주고 안심시켜 주는 말과 눈빛을 건네줄 사람에게 '애착'을 느껴본 적이 없는 것이다. 이러한 애착이 주는 '내적 안정'이 결핍된 아이들은 이 세상과 다른 사람들에게 더 이상 적대감을 품지 않기 위해 필요한 최소한의 신뢰조차 가질 수 없다.

존 볼비John Bowlby 와 보리스 시뤌니크Boris Cyrulnik 같은 정신분석학자들은 두 살짜리 아이가 자기 집에 온 낯선 사람에게 인사하고 미소를 지으며 말을 건네거나 다가와 만질 수 있는 것은 새로운 것을 받아들일 수 있을 만큼 충분한 내적 안정을 지녔기 때문이라고 한다. 애착을 느끼는 상대에게 충분한 신뢰감을 가지는 아이는 낯선 사람에게도 다가갈 수 있다.

 '학생'들이 더 이상 교사를 필요로 하지 않게 될 때, 더 이상 배우지 않아도 될 만큼 충분한 자신감을 가질 때 비로소 교육이 성공하는 것이다. 마찬가지로 어린아이는 낯선 사람을 향해 발걸음을 떼면서 성장하기 시작한다. 여러 사람들에게 신뢰를 받았다면 이제는 아이가 행동으로 옮기고 그에 마땅한 사람이 될 차례다. 가족과 양육자에게 받은 사랑과 관심을 발판 삼아 자신감을 가지고 도약하는 것이다.

 자신감은 프로이트 Sigmund Freud가 '유아적 불안'이라고 말하는 감정에 맞서 싸우는 것에서부터 시작된다. 청소년기에 더 넓은 세상을 찾아 떠나고 싶은 마음이 생기거나, 성인기에 자신감을 가지고 여러 계획들을 실제로 수행해 낼 수 있는 사람은 무엇보다 생애 초기에 '내적 안정'을 찾은 것이다. 보리스 시륄니크가 '조기 상호작용'이라고 부르기도 했던 내적 안정의 중요성을 여러 심리학자들도 강조한 바 있다.

 자신을 가치 있는 존재로 평가하는 자존감과는 달리 자신감은 어떤 행동에 대한 사고방식, 의심되지만 '감행'할 수 있는 능력, 위험을 무릅쓰고 복잡한 세상으로 나아갈 수 있는 역량이다. 또 다른 곳에서 모험을 시작할 용기를 가지기 위해서는 바로 이 '내적 안정'이 필요하다. 이처럼 자신을 믿고 무언가를 감행할 수 있는 '내적 안정'에서 비롯된 용기는 인간을 자신감에 찬 존재로 만든다.

4
낯선 곳을 향해 첫걸음을 떼는 것

《온화의 힘Puissance de la Douceur》,《위험에 대한 찬사Éloge du Risque》 등의 저자이며, 지난 2017년 물에 빠진 어린아이들을 구하다 세상을 떠난 작가 겸 정신분석가인 안 뒤푸르망텔Anne Dufourmantelle은 "자기 신뢰의 부재란 것은 존재하지 않는다"고 강조한 바 있다.

그녀는 상담실 소파에 앉아 고통을 토로하는 환자들의 이야기를 들으면서 이들은 무엇보다도 타인에 대한 신뢰가 없다는 사실을 깨달았다. 어린 시절에 내적 안정이라는 귀중한 경험을 하지 못한 사람들이다.

　불우한 어린 시절을 거친 이들은 성장 과정에서 안정감을 경험할 기회도 많지 않았고 주변에 자신들을 믿어줄 사람도 없었기 때문에 다른 사람을 신뢰하지 못하게 된 것이다. 따라서 자기 신뢰가 없는 것이 아니라 타인에 대한 신뢰가 없는 것이다.

　자신에 대한 신뢰와 타인에 대한 신뢰는 결국 같은 것이다. 편집증 환자의 경우 타인을 신뢰하지 못하기 때문에 '내적 불안'에 시달린 나머지 결국 자신조차 신뢰할 수 없는 지경에 이른 것이다.

　자신을 신뢰하기 위해 필요한 변화와 타인을 신뢰하기 위해 필요한 변화는 동일하다. 다양한 사람들과 관계를 맺으며 그들로부터 영향을 받고, 나를 성장시키고 깨우며 잠재력을 실현할 수 있도록 이끌어줄 스승과 친구들을 만나야 한다. 나를 즐겁게 해주며 안정되고 자유롭게 해주는 사람들을 찾아보자.

　자기 집에 온 사람에게 다가가는 두 살짜리 아이의 모습을 기억해 보자. 아이는 그 사람 쪽으로 걸어간다. 물론 낯선 사람이 집에 들어왔으니 조금은 두려움이 있을 것이다. 그래도 아이는 두려움을 품은 채 다가간다. 자기 자신을, 그 낯선 사람을, 그리고 옆에 서 있는 사람들을 신뢰하는 것이다. 이것은 유전학이나 생물학으로는 규정할 수 없는 신뢰다. 이러한 신뢰감은 갓 태어난 신생아를 감싼 수건처럼 아이들에게 안정감을 준다.

우리가 여기에 있고, 돌보고 있으며, 혼자 두지 않을 거라는 뜻으로 작은 몸을 다독이는 것과 같은 안정감이 어린아이에게는 무엇보다 필요하다. 그리고 시간이 지난 뒤에는 혼자 밥을 먹거나 첫걸음을 뗄 수 있도록 아이를 믿어주면 된다. 그 누구도 혼자서는 자기 자신을 신뢰할 수 없다. 결국 자기 신뢰란 무엇보다 타인의 사랑과 애정이 쌓여서 생기는 것이다.

에머슨은 '자기 신뢰'가 단순한 생계의 문제가 아니라 인생 전반에 걸친 빛나는 순간을 위해 필요한 자세라고 말한다. 무엇보다 우주에서 하나밖에 없는 소중한 존재인 자신을 믿는 것이야말로 세상에서 가장 숭고한 태도라고 힘주어 강조했다. 그러면서 "다른 사람의 결정에 매달리지 말고 섬광처럼 번뜩이는 자신의 영감을 포착하여 그에 따라 행동하라"고 말한다. 이것이 곧 스스로를 믿는 힘인 것이다.

자신감이란 자신을 믿고 신뢰하는 감정이다. 자신감은 주눅 들지 않고 당당하게 표현하는 것이다. 엄마의 배 속에서부터 자신감을 갖고 태어나는 사람은 없다. 자신감은 어떤 상황이 만드는 것이 아니라 스스로 만들어 삶을 통째로 변화시키는 것이다. 자신감은 가슴 뛰게 하는 분명한 삶의 목적을 만들어준다. 삶의 뜻을 알고 목표를 실현하는 성취를 맛보게 한다.

　에머슨의 말처럼 맨 처음 어떤 일을 시작하는 것이 무섭고 두려울지라도 새로운 모험에 완전히 몰입하는 경험을 몇 번 하고 나면 자신의 능력을 믿을 수 있다는 자신감이 부쩍 늘어난다. 시간과 경험이 축적되면 이러한 능력이 점점 더 발달돼 자신에게 쌓인 자신감을 더욱 단단하게 해주고 그 결과 자기 신뢰가 더욱 탄탄해지는 선순환 구조로 접어든다.

"인생 초창기에 다양한 경험을 통해
위험 감수 능력을 극대화할 줄 알아야 한다.
좋은 리스크와 나쁜 리스크를 구별할 줄 알면
자신감을 갖게 된다."

_리드 헤이스팅스(넷플릭스 창업자)

제2법칙

실력이
곧 자신감이다

**두려움이 사라질 만큼
탄탄한 실력을 쌓아라**

1
실력이 자신감으로
이어지는 순간

 마돈나는 어린 시절 무용 교사의 한마디를 듣고 자신을 짓누르던 억압에서 벗어났다. 하지만 수년 전부터 춤을 춰온 그녀는 누구보다 춤을 잘 추는 사람이었다. 무용 교사가 그토록 강렬한 말을 했던 것도 그녀의 재능을 알아차렸기 때문이다. 실력이 뒷받침되지 않는다면 다른 사람이 자신을 믿어주지 않는다.

흔들리지 않는 자신감의 비밀

　미국의 흑인 자매 테니스 선수 세레나 윌리엄스와 비너스 윌리엄스의 아버지는 자신의 딸들을 성공의 길로 이끌었다. 그는 딸들에게 가장 훌륭한 방식으로 자신감을 안겨줬다.

　그는 두 딸을 믿었으며, 가난을 딛고 세계 최고의 선수가 될 수 있다고 끊임없이 말해 주었다. 그런데 그는 자신감을 안겨주는 데서 그치지 않았다. 아이들이 라켓을 쥘 수 있을 때부터 테니스 연습을 시키기 시작했던 것이다.

　두 자매가 연습하는 모습은 그들이 살던 캘리포니아 콤프턴의 주민들도 기억할 정도였다. 자매는 대부분의 시간을 아버지와 함께 테니스공 카트가 놓인 코트 위에서 보내곤 했다. 심지어 콤프턴의 갱단조차 윌리엄스 자매에게는 경의를 표하고 아무도 그들의 테니스 연습을 방해하지 않았다.

　아버지는 자매에게 강력한 서브와 묵직한 타구를 주무기로 하는 베이스라인 중심의 공격적인 테니스를 가르쳤다. 단 두세 번의 샷으로 점수를 따내는 공격적인 플레이는 기존의 여자 테니스에서는 찾아볼 수 없는 것이었다. 이러한 플레이를 계속 반복하고, 특히 서브를 집중적으로 연습한 결과 세레나는 시속 200킬로미터의 서브 속도를 내는 최초의 여자 테니스 선수로 기록됐다.

자매는 세계 최고의 선수가 되었고, 두 사람 모두 여자 프로 테니스[WTA]의 세계 랭킹 1위를 차례로 차지했다. 특히 세레나는 단식 부문에서 23회, 언니인 비너스와 출전한 복식 부문에서는 12회의 그랜드슬램을 기록하면서 통산 39회의 그랜드슬램을 달성한 전무후무한 최강의 선수로 자리 잡았다. 심지어 그중 한 번은 무려 임신 2개월의 몸으로 기록한 것이었다.

또한 세레나는 테니스 역사상 그랜드슬램 토너먼트 결승전의 서브게임에서 매치포인트를 따낸 유일한 선수이기도 하다. 그것도 한 번이 아니라 세 번이나 그런 우승을 기록했다. 이 정도의 기록을 내기 위해서는 주요 토너먼트 결승전의 서브게임을 지켜야 하는 상황에서도 결코 흔들리지 않을 만큼의 자신감이 필요하다.

실력 차이는 곧 연습의 차이

이러한 자신감은 실력에서 나오는 것이고, 그 실력은 강도 높은 훈련으로 다져지는 것이다. 같은 동작을 끊임없이 반복하며 훈련할 때, 이런 동작들은 제2의 천성이 된다. 극한의 실력이 마침내 개인의 성격에 영향을 미치는 것이다. 세레나 역시 실력이 결국 자신감으로 거듭난 경우다. 그렇다면 단순히 실력이 있다고 해서 자신감이 생기는 것일까?

전 세계적으로 성공을 거둔 책 《아웃라이어Outliers》의 저자이자 미국의 일간지 〈뉴요커New Yorker〉의 기자인 말콤 글래드웰Malcolm Gladwell은 재능이란 타고나는 것이라는 논리에 반기를 들었다. 그는 심리학자 앤더스 에릭슨Anders Ericsson의 연구를 인용하여 '1만 시간의 법칙'이라는 그럴싸한 이론을 내놓았다.

에릭슨은 베를린 뮤직 아카데미에서 바이올린을 전공하는 비슷한 연령대 학생들의 커리어를 분석했다. 그 결과 유명한 오케스트라에서 제1바이올린을 맡거나 세계적으로 유명한 연주가가 된 이들과, 바이올린 교사가 되는 데 그친 이들 사이에 어떤 차이가 있는지를 알아보았다.

에릭슨은 대상자 모두에게 "처음 바이올린을 잡았던 순간부터 지금까지 총 연주 시간"을 물었는데 그 결과가 매우 놀라웠다. 바이올린 교사가 '되는 데 그친' 이들 중 4천 시간 넘게 연주했다고 말하는 사람들은 없었다. 그리고 바이올린 연주가가 된 이들은 약 8천 시간을 연주했다고 답했다. 이들 중에서도 세계적으로 뛰어난 바이올리니스트는 최소 1만 시간 이상을 연주한 것으로 나타났다.

예외는 단 한 명도 없었다. 에릭슨은 피아노 전공생들을 대상으로 동일한 조사를 했는데 결과는 거의 같았다. 피아노 연주가들의 총 연주 시간은 약 8천 시간, 세계적인 피아니스트의 연주 시간은 최소 1만 시간 이상이었다. 총 1만 시간(즉, 매일 3시간씩 10년 동안) 동안 연습하지 않고 명연주가가 된 사람은 단 한 명도 없었다.

나는 색소폰 연주가 소니 롤린스Sonny Rollins의 화려한 즉흥 연주를 정말 좋아한다. 최근 그의 인터뷰를 보면 색소폰을 하루에 무려 17시간 동안 연주하던 시절이 있었다고 한다. 그 역시도 많은 연주와 테크닉을 연습했기에 그토록 자유로운 즉흥 연주로 관객을 사로잡을 수 있는 것이다. 결국 위대한 음악가들에게서 찾아볼 수 있는 자신감의 가장 중요한 기반은 때로는 집착에 가까울 정도의 부단한 연습이다.

그러나 앤더스 에릭슨의 연구 결과를 너무 단순화해서는 안 된다. 단순히 악기 하나를 붙들고 1만 시간을 보낸다고 해서 누구나 명연주가가 될 수 있는 것은 아니다. 어느 정도의 자질을 가지고 있는 상태에서 1만 시간 동안 연습을 해야 한다.

그의 연구 결과에서 흥미로운 것은 실력이 점차 몸에 배면서 마침내 자신감이 생기는 단계를 보여준다는 점이다. 8천 시간을 연습하면서 실력을 쌓으면 전문가가 될 수 있다. 나아가 1만 시간 넘게 연습하면 세계적으로 가장 뛰어난 사람으로 손꼽힐 수 있다. 어린 세레나 윌리엄스가 미국의 10세 이하 여자 유소년 테니스 랭

킹에서 1위를 차지했을 때, 그녀의 테니스 연습 시간은 이미 1만 시간에 도달해 있었다.

이처럼 실력을 쌓은 사람들에게서는 자신감이 배어나온다. 이때의 자신감은 자만이나 오만, 교만과는 다르다. 그것은 바로 자신의 능력에 대한 확신이다. 이런 사람들은 자신이 훈련하는 과정을 즐기면서 실력을 쌓았기 때문에 자신이 어떤 사람인지 알고, 무엇을 좋아하고, 무엇을 원하는지 확실히 파악하고 있다.

우리의 뇌가 자신감을 끌어내기까지

말콤 글래드웰은 에릭슨의 연구를 바탕으로 어떤 분야든 상관없이 1만 시간 동안 연습하면 마스터할 수 있다고 했다. 글래드웰은 모차르트나 비틀스 등의 여러 사례를 상세히 분석한 결과 1만 시간을 넘어서기 전까지는 두각을 드러내지 못했다는 사실을 입증했다.

물론 모차르트는 글을 떼기도 전에 악보를 읽거나 박자에 맞춰 연주했으며 여섯 살 때 이미 작곡을 했다. 하지만 모차르트가 스물한 살에 만든 첫 번째 걸작 '피아노 협주곡 제9번'이 탄생한 것은 작곡 연습 시간이 1만 시간을 넘어섰을 때였다.

또한 글래드웰은 비틀스가 1964년 미국에서 폭발적인 인기를 얻기 전까지를 살펴보며 존 레논과 폴 매카트니가 무대에 섰던 총 시간을 계산해 보았다. 두 사람은 내리 8시간씩 연주했고, 때로는 밤을 새워가면서 무대에 서기도 했다.

글래드웰이 계산한 바에 따르면 비틀스가 미국으로 진출했던 1964년 당시 그들은 이미 무대에서 1만 2천 시간을 보낸 상태였다. 이 시간 덕분에 비틀스는 미국을 정복할 수 있었다.

물론 앤더스 에릭슨의 접근법이 과학적인 것은 아니다. 어떤 것이든 1만 시간 동안 연습하면 최고 수준에 도달할 수 있다는 것은 확인할 수도 없는 주장이다.

글래드웰은 신경과학자 다니엘 레비틴Daniel Levitin의 연구 내용을 근거로 뇌가 무언가에 완전히 숙달되기까지 필요한 시간도 1만 시간이라고 주장했다. 이러한 주장을 맹신할 수는 없지만 매력적인 부분이 있다. 천재들조차 신뢰를 쌓기 위해 시간을 들여 실력을 체득하면서 조금씩 자신감을 가진다는 점이다. 결국 자신감은 선천적으로 타고나는 것이 아니라 대부분 후천적으로 습득하는 것이다.

에디슨Thomas Edison은 "천재는 1퍼센트의 영감과 99퍼센트의 노력으로 만들어진다"고 말했다. 자신감이 조금씩 떨어지기 시작할 때는 이 말을 꼭 기억하자. 자신감이 떨어질 때는 자기에게는 타고난 실력이나 충분한 재능이 없다고 생각하게 된다. 사실은 그저 충분히 연습하지 않았기 때문인데 말이다.

  원하는 것을 이루지 못할 거라는 걱정과 염려가 엄습할 때는 자신의 재능을 의심하기보다 연습에 매진하면 실력을 향상하고 더 쉽게 자신감을 되찾을 수 있다. 모차르트 같은 천재조차 엄청난 노력을 했다. 자기만큼 뛰어나지 못한 음악가들보다도 더 많은 연습을 했던 것이다.

2
작은 성공들이
자신감으로 쌓인다

하지만 1만 시간을 거쳐 쌓아온 실력으로 얻게 되는 자신감은 부차적인 것이다. 진정한 자신감은 그보다 훨씬 더 포괄적이다. 어떤 행위를 완전히 숙달하고 나면 자신감을 가지기가 더 쉬울 수는 있지만, 삶을 살아가는 데는 그 이상이 필요하다.

지구를 들어 올리는 자신감

세레나 윌리엄스는 뛰어난 테니스 실력으로 많은 성공을 기록하면서 점점 더 자신감을 가졌다. 하지만 그녀의 자신감은 코트 안에만 국한된 것이 아니었다. 세레나는 훌륭한 테니스 선수일 뿐 아니라 여성으로서, 엄마로서, 시민으로서, 페미니스트로서 자신 있게 목소리를 내고 있다.

2016년 세레나는 공개 서한을 통해 스포츠 분야에서 성차별과 불평등 문제를 비판한 바 있다.

"다른 사람들이 나의 약점이라고 지적했던 인종, 성별 등이 나에게는 성공을 이루는 원동력이 되었습니다. 여성들은 성공을 향해 가는 길 위에 놓인 수많은 장벽들을 무너뜨려야 합니다. 그중 하나는 우리가 남성이 아니라는 사실이 마치 우리의 약점인 것처럼 끊임없이 주입되고 있다는 점입니다. 사람들은 나에 대해 '최고의 여성 스포츠 선수'라고 말하곤 합니다. 하지만 르브론 제임스를 '최고의 남성 스포츠 선수'라고 하나요? 타이거 우즈나 로저 페더러는 어떻습니까? 왜 그렇게 말하지 않는 걸까요? 이런 일들을 절대 그냥 넘어가서는 안 됩니다. 사람은 누구나 성별이 아닌 각자가 이뤄낸 것들로 평가받아야 합니다."

평생에 걸쳐 매일같이 몇 시간 동안 공을 치며 연습한 세레나는 단순히 테니스만을 훈련했던 것이 아니었다. 그녀는 매일 자신의 의지와 갈망을, 저항과 장벽을 뛰어넘기 위한 능력을 다져왔던 셈이다. 오늘날 그녀가 보여주는 용기와 자신감은 그런 경험의 산물이다.

세레나는 서브와 포어핸드와 백핸드 실력을 키우면서 자신이 지닌 힘과 삶에 대한 갈망을 깨달았다. 테니스 코트 안이든 밖이든 마찬가지였다. 그녀는 테니스를 치면서 자기 안의 깊은 곳에서 이 모든 잠재력을 끌어올렸다.

이처럼 어떤 행위에 대한 경험을 쌓는 것으로 모든 부분에서 포괄적인 자신감을 가질 수 있다. 우리가 겪은 경험은 무엇이든 상관없이 일종의 받침대 역할을 한다. 아르키메데스는 "내게 받침대를 달라. 그러면 지렛대로 지구를 들어 올릴 것이다"라고 말했다.

아주 작은 성공의 힘

독일의 철학자 에드문트 후설Edmund Husserl은 "모든 의식은 무언가에 대한 의식이다"라고 말했다. 그 말은 곧 우리는 다른 대상을 통해 스스로를 의식한다는 뜻이다. 예를 들어 커피를 입안에 머금거나 머그잔을 손에 쥐고 있는 것으로 스스로를 의식한다. 마찬가지로 자신감도 실질적인 행위로 드러나는 것이다.

후설의 말을 빌리면 모든 자신감은 무언가를 해내는 자신에 대한 믿음이라고 할 수 있다. 스스로에 대한 믿음을 가지기 위해서는 구체적인 경험과 명확한 실력, 실질적인 성공이 있어야 한다. 그러므로 아주 작은 일일지라도 성공을 거두면 자신감이 생긴다. 작은 성공들은 자신감으로 향하는 길 위에 깔리는 수많은 조각이 될 것이다.

이러한 사실은 특히 어린아이들을 칭찬할 때마다 느낀다. 아이를 칭찬하면 점점 더 자신감을 가지는 효과가 있기 때문이다.

우리는 자신이 해낼 수 있다는 믿음을 가질 수 있다. 자전거를 타고, 악보를 읽고, 낯선 도시에서 길을 찾고, 대화를 시작하고, 반대 의견을 제시하고, 바라는 것을 표현하고, 많은 사람 앞에서 말할 수 있다는 믿음 말이다.

모든 행위는 자신감으로 도약할 수 있도록 만든다. 또한 실력이 자신감으로 거듭나는 경험을 할 수 있는 기회이기도 하다. 그러나 재촉할 필요는 없다. 쉬지 않고 보채야만 자신감을 가질 수 있는 것은 아니다. 그저 인내와 호기심을 가지고 계속 연습해 나가야 한다. 그러면 어느 날 부지불식간에 갑자기 자신감을 가지게 될 것이다.

그런데 도대체 어떤 기적이 일어나기에 구체적인 실력이 자신감으로 거듭날 수 있는 걸까? 자신을 가둬버리는 실력은 결코 자신감으로 발전하지 못한다. 코트 안에서는 세레나 윌리엄스처럼 훌륭한 선수지만, 코트 밖에서는 자신감을 드러내지 못하는 사람들이 얼마나 많은가? 심리학자들은 제한적인 자신감이 많다고 지적한다. 심지어 완벽한 실력을 갖춘 분야에서조차 자신감을 제대로 드러내지 못하는 경우가 있다. 숙달된 분야지만 남몰래 벌벌 떨어가며 하고 있는 것이다. 이런 경우 어떻게 해야 실력이 자신감으로 발전할 수 있을까?

즐기는 사람만이 자신의 실력을 신뢰한다

우선 실력을 키우려면 즐거움을 느껴야 한다. 내 강의를 듣는 학생들을 보면서 실력 향상과 자신감에 가장 큰 도움이 되는 것은 즐거움뿐이라는 것을 확인했다. 문제를 파고들어 자기만의 논리를 만드는 것을 즐기는 학생들은 성실하게 공부만 하는 학생들보다 빠른 속도로 성장한다.

'즐기는 사람'들은 실력에 상관없이 금세 자신감을 가진다. 그 이유는 단순하다. 즐겁기 때문에 보다 여유를 지닐 수 있는 것이다. 혹여 실수를 하더라도 적어도 즐거움을 느꼈다는 점에서 의미가 있을뿐더러, 일단 즐겁게 하기 때문에 실수를 많이 하지도 않는다. 즐거움을 느낀다는 것은 그 일이 자신에게 잘 맞는다는 증거이며, 파고들면 파고들수록 더욱 더 즐거울 것이라는 기대감으로 더욱 그 일에 빠져들 수 있다.

나 자신, 나의 잠재력, 자질, 좋아하는 것에 딱 맞는 분야에서 실력을 쌓아야 자신감으로 거듭날 수 있다. 스스로에 대해 잘 알고, 자신에게 잘 맞는 길을 파고들어야만 자신감을 지속적으로 유지할 수 있다.

세레나 윌리엄스도 테니스를 배우면서 자신이 무엇을 할 수 있는지, 자신의 강점과 약점은 무엇인지, 자신이 어떤 여성인지를 알 수 있었다. 그녀는 자신이 역경 속에서 진가를 발휘하는 사람이라는 사실을 깨달았다.

결국 자신의 장단점을 제대로 알고 즐겁게 자기 실력을 쌓은 사람은 진정한 자신감이 몸에 밴다. 자신이 그것을 할 수 있다는 것을 느끼는 순간 자신감을 발휘하게 된다.

성공한 사람들이 공통적으로 갖고 있는 성공 비결은 자신의 무한한 능력을 마음껏 발휘할 만큼 자신감이 충만해 있다는 것이다. 자신이 원하는 것을 멈추느냐 계속 나아가느냐는 자신감을 갖고 있느냐에 달려 있다. 자신감을 가지고 장점을 극대화하는 것이 성공적이고 행복한 삶을 사는 핵심 요소다.

자신감이라는 앵글로 바라보면 세상이 만만하고 새롭게 보인다. 자신에 대한 믿음에서 비롯된 자신감은 어려운 난관에 부딪쳐도 꿋꿋이 이겨낼 수 있는 힘을 준다. 자신을 쓰러뜨리는 것이 있다면 반드시 딛고 꿋꿋하게 일어서야 한다. 소중하고 가치 있는 것은 쉽게 얻을 수 없다. 최선의 노력으로 끝까지 해야 자신이 원하는 것들을 얻을 수 있다.

3
작은 변화가
큰 차이를 만든다

헤라클레이토스Heraclitus의 단편에는 "결코 똑같은 강물에 두 번 들어갈 수는 없다"는 대목이 나온다. 아무리 대단한 실력을 가지고 있다 해도, 예전과 완전히 똑같이 할 수는 없다. 수술 기구를 잘 다루며 손끝을 섬세하게 조절할 수 있는 명의조차도 수술실에 들어갈 때는 항상 새로운 환경에 놓이게 된다. 사람마다 몸속의 상태가 다르기 때문이다.

처음 겪는 일도 익숙하게

실력은 새로운 환경에 잘 대처하기 위해 필요한 것이다. 예기치 못한 상황에도 적응할 만큼 충분히 몸에 배어 있어야 한다. 세레나 윌리엄스와 같은 뛰어난 테니스 선수도 그랜드슬램 토너먼트 결승전에서 매치포인트를 따내야 했던 상황은 평생 처음 겪는 일이었다. 게다가 이후 두 번 더 비슷한 상황에 놓이기는 했지만, 처음 매치포인트를 따던 때와 똑같은 환경은 아니었다.

물론 명의나 세레나처럼 한 분야에 뛰어난 사람은 새로운 상황에도 잘 대처할 수 있는 실력을 갖추고 있다. 이들은 완벽하게 숙달되어 있기는 하지만 기계적으로 단순 반복하는 것이 아니다. 이들은 상황에 따라 아주 작게라도 조금씩 변화하는 창의성을 발휘하며, 이것은 곧 큰 차이를 만들어낸다.

니체는 《차라투스트라는 이렇게 말했다 Also Sprach Zarathustra》에서 '양심적인 자'라는 인물을 내세워 자신을 가두는 실력과 자유롭게 하는 실력의 차이를 보여주었다. 니체는 '마음속 깊숙한 곳'에 무엇을 품고 있느냐에 따라 모든 것이 달라진다고 보았다. 미지에 대한 두려움이 있다면 아무리 실력을 쌓는다 해도 자신감을 가질 수 없다.

'양심적인 자'는 거머리에 대해 완벽에 가까울 정도로 모든 것을 알고 있었지만, 그 외에는 아무런 흥미를 가지지 않았다. 이처럼 극단적인 실력을 지니고 있으면 오히려 삶이 단축된다. 자신의 지식 때문에 결국 목숨을 잃는 것이다. '양심적인 자'가 자신이 완벽하게 알고 있는 거머리로 가득 찬 늪에 몸을 던진 채 거머리에게 피를 빨리며 죽어가듯이 말이다.

반대로 '예술적 본능'을 마음에 품고 실력을 쌓으면 삶을 발전시켜 더욱 생기가 넘친다고 한다.

예술적 본능의 원동력은 공포가 아닌 호기심이다. 물론 우리는 '두려움의 본능'과 '예술 본능'을 모두 품고 있다. 하지만 '예술 본능'이 '두려움의 본능'을 이기고 창의성이 공포를 이긴다면 실력을 쌓을수록 자신감이 붙는다.

그러므로 예술 본능으로 실력을 키워서 자신을 가두기보다는 도약할 수 있어야 한다. 실력을 쌓으면 안정감을 얻을 수 있는 것은 당연하다. 하지만 그 안정감이 자신감으로 이어져야 한다.

따라서 실력을 쌓는다는 것은 이미 할 줄 아는 행동을 반복하는 것 이상이어야 한다. 창의력을 기르기 위한 토양이자 진정으로 자신감을 얻을 수 있는 기회가 되어야 한다. 이러한 변화는 오랜 과정을 통해서만 이루어질 수 있다. 무언가에 숙달되면 여유를 가지고 점차 익숙하지 않은 것들을 받아들일 수 있다. 그리고 우리가 배우고 경험하고 체득한 모든 것을 통해 마침내 자신감을 가질 수 있다.

세레나 윌리엄스는 세 살 때 처음으로 테니스를 시작했다. 벤치에 앉으면 발이 땅에 닿지도 않을 나이였다. 그때부터 공을 치는 방법을 배우고 점차 실력을 쌓아 마침내 최고의 테니스 선수가 되었다. 하지만 그랜드슬램 결승에서 흔들림 없이 매치포인트를 따냈던 그때, 그녀는 자신의 테니스 실력뿐 아니라 스스로가 할 수 있다고 믿었다. 수없이 많은 연습으로 몸에 밴 실력은 마침내 제2의 천성이 되었다. 도약이라고 부를 만한 변화가 일어났고 그녀의 실력은 마침내 자신감으로 거듭났다.

불확실한 것을 즐기는 법

실력을 쌓아가다가 자신감으로 도약하는 과정을 완전히 이해할 수는 없다. 하지만 한 가지 확실한 것이 있다. 계속 실력을 숙달해가면서 숙달되지 않은 것들을 계속 시도해 나가야 한다는 것이다. 즉, 먼저 안전지대에서 충분한 안정을 갖춘 다음에는 안전지대 밖으로 나아가야 한다는 것이다.

실력으로 무장한 안전지대를 동그란 구역이라고 상상해 보자.

우선 그 원 안에 들어가 편안함과 따뜻함을 느끼고, 그다음으로 원에서 나와 더 넓은 세상을 탐험해 보자. 그러고 나서 다시 원 안으로 들어가 안정감을 되찾고, 또 바깥으로 나와 탐험을 이어가는 것이다. 우리는 이것을 반복해야 한다.

내가 가르치는 학생들은 철학 교과서에 등장하는 개념들을 외우며 실력을 쌓는다. 그런데 대학입학자격시험이 다가오기 시작하면 많은 학생들이 논술 주제를 미처 다 외우지 못해 불안해한다. 부족한 개념들을 전부 외우기 위해 보충 수업을 하거나 유인물을 만들어달라고 할 때도 있다.

그럴 때마다 우선 완전히 익힌 개념들을 다시 살펴보고, 좋아하는 예전 강의 내용을 돌이켜보라고 권한다. 자신감의 가장 좋은 친구인 즐거움을 되찾기 위해서다. 다시 말해 안전지대에서 다시 힘을 얻어서 밖으로 나가는 것이다. 그런 다음에 새로운 개념들을 살펴보라고 한다.

한편 학생들에게 서론을 작성하거나 짧은 소논문을 쓰는 연습도 권한다. '쇠를 계속 단련해야 대장장이가 된다'는 오랜 격언처럼 말이다. 그리스 신화에 등장하는 대장장이의 신 헤파이스토스도 처음부터 대장장이는 아니었다. 못생긴 외모 때문에 태어나자마자 바다에 버려진 그를 바다의 정령들이 거두어 대장장이 기술을 가르쳤다. 대장장이의 신조차 1만 시간이 넘는 연습을 했던 셈이다.

내가 학생들에게 실력만을 기르는 엄격한 논리에 빠지지 않도록 주의하면서 계속 연습하라고 하는 이유도 평소에 자신감을 가지고 실력을 발휘할 수 있도록 담금질하기 위해서이다. 내가 가르친 학생들을 보더라도 평소 자신감을 가지고 실력을 쌓은 학생과 그렇지 못한 학생은 시험 결과에서 상반된 결과를 낳곤 했다.

시험 전까지 모든 주제를 대비해야 한다는 생각에 사로잡혀 불안감을 가지고 공부하는 학생들은 결코 자신감을 얻을 수 없다. 좋은 성적을 얻을 정도의 실력을 쌓을 수는 있겠지만, 자신감은 점점 더 줄어들어 결국 언젠가는 넘어지게 된다. 특히 이런 학생들은 논술 시험에서 예상치 못한 문제가 나오면 더욱 더 쉽게 패닉에 빠지곤 한다. 자신이 할 수 있다는 믿음이 아니라 자신의 실력만을 지나치게 신뢰했기 때문이다.

반대로 교과서적인 접근보다 탐험가의 마음가짐으로 공부하는 학생들도 있다. 이들은 완벽하게 준비해야 한다는 강박에 사로잡히기보다는 무언가를 시도하고 도전하려고 한다. 안정감을 찾으려 애쓰지 않고, 즐겁게 경험하고자 한다. 이런 학생들은 스스로를 믿기 때문에 해보고 싶은 것을 하고자 하는 욕망이 내재되어 있다.

이런 학생들은 전혀 다른 방식으로 논술을 풀어간다. 흥미와 호기심이 앞서기 때문에 결코 걱정하지 않는다. 여느 학생들은 어떤 문제가 나올지 모르는 시험 자체에 겁을 먹지만, 이 학생들은 그러한 불확실성을 즐기는 것처럼 보일 정도다. 이들은 불확실성을 직면할 준비가 되어 있다. 삶이란 원래 불확실하다는 것을 이해하고 있는 것이다.

자신감이 있다는 것은 불확실성을 받아들이는 법을 아는 것이지, 삶을 예측할 수 있다는 착각에 빠지는 것이 아니다. 물론 실력이 너무나 출중해서 불확실성을 제로로 만들 수도 있다. 이런 경우는 실력만으로도 충분하기 때문에 자신감을 가질 필요도 없다.

철학자 에마뉘엘 드레세르$^{Emmanuel\ Delessert}$는 《감히 신뢰하라$^{Oser\ Faire\ Confiance}$》에서 자신감에 대해 이렇게 강조했다.

"자신감은 지금까지 수없이 성공했으므로 앞으로도 할 수 있다고 믿는 것이 아니다. 자신감은 자기 안에 존재하는 불확실한 부분을 찾아내 일깨워보기로 결심하는 것이다."

결국 자신감은 성공해 보지 못한, 어쩌면 시도조차 해보지 않았던 일을 감행하는 것이다. 그리고 그것을 시도해서 성공한다면 더욱 자신감을 가지게 된다.

'타인의 경험은 대머리의 빗과 같다'는 중국 속담이 있다. 나에게 의미 있는 것은 내가 겪은 경험일 뿐 다른 사람의 경험은 아무런 의미가 없다는 것이다. 오로지 나 자신의 경험을 통해서만 스스로를 신뢰할 수 있기 때문이다.

그러나 자신이 직접 경험한 것들은 실력을 키우는 것을 넘어 귀중한 자산으로 자리 잡는다. 그 과정에서 시련이나 실패 또는 성공에 대한 자신의 태도를 발견할 수 있고, 자신이 가진 재능과 갈망과 꿈이 무엇인지를 깨달을 수 있다. 결국 나 자신에 대해 이해할 수 있는 것이다. 내가 아닌 그 누구도 이 길을 대신 갈 수는 없다.

그러므로 최대한 실력을 기르되 강박에 사로잡히지 않아야 한다. 최대한 실력을 기르되 그 실력에 종속되어서는 안 된다는 것이다. 그러면 자신감은 선물처럼 따라온다.

"자신의 마음이 움직이는 대로 따르는 것에서
자신감을 가지게 된다."
_ 스티브 잡스

제3법칙

내 마음의
소리를
따른다

자기 확신과 자기 신뢰가
자신감을 불러일으킨다

1
자신감은 시간에
쫓기지 않는 것

랠프 왈도 에머슨은 본능과 직관이 자신감과 관련이 있다고 말한다. 그는 지식을 쌓을수록 자신감이 커진다고 말했다. 어떤 주제나 주위 세계에 대해 깊이 이해한 사람은 자신의 생각을 서슴없이 말할 수 있다는 것이다. 오랜 숙련과 사고의 깊이를 통해 정확한 직관력을 가질 수 있다. 훌륭한 직관력은 마법처럼 얻어지는 것이 아니라 자기 분야에 대한 숙련과 훈련으로 다져지는 것이다.

몇십 년 동안 경험을 쌓고 전문성을 기른 의사들은 환자의 징후를 보고 직관적으로 어떤 병에 걸렸는지 알 수 있다. 그들은 자신의 전문 분야라면 깊이 생각하지 않고도 조건반사적으로 정확하게 판단할 수 있는데, 그것이 바로 직관의 힘이다.

직관의 힘이 자신감을 키운다

정신없이 울리는 사이렌 소리, 사람들의 비명과 울음소리 속에서도 응급구조대원들은 망설이거나 주저하지 않고 부상자들을 분류한다. 부상자의 안색이나 흰자위, 흉부의 팽창 정도를 한눈에 살펴보고 신속하게 판단하는 모습은 마치 자신감으로 무장한 듯하다.

구조대원들은 항상 침착함을 유지하고 신속하게 올바른 결정을 내린다. 혼란으로 가득한 응급상황에서 망설이지 않고 자신감 있게 결단을 내리려면 자신의 판단에 대한 믿음이 있어야 한다.

어떻게 이것이 가능할까? 상황을 완전히 분석했기 때문일까? 그렇지 않다. 모든 것들을 분석할 시간이 없다. 그렇다면 오로지 경험으로 판단하는 것일까? 이것 또한 불가능하다. 여러 데이터와 임상적 관찰이 필요하기 때문이다. 결국 감각과 이성, 육체와 정신을 집중해 직관적인 판단을 하는 것이다.

치열하게 가격 협상을 하고 있는 사업가가 있다. 상대와 의견을 주고받던 그는 어느 순간 갑자기 때가 왔음을 직감하고 빠르게 최종 가격을 제시한다. 잠시 후 상대가 그 가격을 받아들여 협상에 성공한다.

이 사업가는 내면의 소리에 귀를 기울일 줄 아는 사람이다. 최종 가격을 제시한 그 순간, 자기 내면과 협상의 상황 양쪽 모두에 집중할 수 있었다. 그가 상황을 냉철하고 신속하게 분석했기 때문이라고 생각하면 오산이다. 반대로 그가 상대의 반응을 미리 눈치챘다고 생각하는 것도 오산이다.

그는 상황과 감각을 모두 살폈기에 적절한 순간 직감할 수 있었다. 그 순간 가장 적절한 가격을 제시할 수 있었던 것은 자신이 경험한 모든 것들을 끌어내서 종합할 수 있었기 때문이다.

자기 내면에 귀를 기울인다는 것은 이처럼 단순하면서도 복잡한 일이다. 천부적인 소질이 필요하지 않기 때문에 단순하며, 긴급하고 긴장된 상황에서도 그와 같은 집중력을 발휘하기 어렵기에 복잡한 것이다.

자기 내면에 귀를 기울이는 것은 어떤 한 부분을 발달시킨다고 해서 얻을 수 있는 능력이 아니다. 내면의 소리를 듣기 위해서는 이성과 감각, 의식과 무의식 등 내 안의 모든 요소들이 서로 조화를 이루어야 한다. 어쩌면 단 하나의 능력이 다른 능력보다 강하지 않아야 한다. 이성이 너무 강하면 이성을 따라야 하고, 감각이 너무 강하면 감각을 따라야 한다.

일찍이 세상에 없던 창조적인 제품인 아이폰을 세상에 내놓을 수 있었던 애플 전 CEO 스티브 잡스는 내면의 목소리에 귀 기울이는 소중한 경험에 대해 이렇게 말한다.

"타인의 소리가 자기 내면의 진정한 목소리를 방해하지 못하게 하세요. 마음과 영감을 따르는 용기를 발휘하는 것이 가장 중요합니다."

말콤 글래드웰은 《블링크 Blink》에서 내면의 능력을 끌어올리기 위한 방법으로 '얇게 조각내기 Thin slicing'를 제안했다. 이것은 내면의 소리로 생각하는 방법이다. 직감의 소리에 조용히 귀 기울이고 마음 깊은 곳에서 울리는 확신을 단호하게 소리 내어 표현하는 것이다.

얇게 조각내어 세밀하게 관찰할 수 있는 능력, 사람에 대해, 환경에 대해, 혹은 갑자기 발생한 문제에 대해 즉시 결정을 내릴 수 있는 능력은 인간의 잠재의식 속에 있다. 그리고 그것은 강한 힘을 지녔다. 그러니 우리의 무의식에게 기회를 줘보자. 그러면 어떤 결정을 내려야 할 때 그 결정이 옳은지 그른지를 정확하게 판단할 수 있을 것이다.

내면의 목소리에 귀 기울여라

그러나 자신의 소리를 듣기란 쉽지 않다. 이를 위해서는 먼저 널리 받아들여지는 통념들을 무조건적으로 따르지 않아야 한다. 오랫동안 변함없는 진리라 할지라도 자유롭게 논의할 수 있어야 한다. '원래 그렇게 하는 거다'라고 주장하는 사람들은 자기 내면의 소리를 들을 기회를 포기하는 것과 다름없다.

이것은 종교적 진리를 무조건적으로 믿는 것처럼 전통의 진리에 굴복하는 것이나 마찬가지다. 과거를 지나치게 숭배하면 자기 자신을 믿기 어렵다. 이런 사람은 지금 이 순간 자신의 내면에서 피어나는 것들의 가치를 깨닫지 못한다.

비록 학문으로 정립된 진리라고 할지라도 내면의 목소리가 의문을 제기하는 것을 가로막아서는 안 된다. 내면의 소리를 듣는다는 것은 질문을 잊지 않는 것이다.

또한 내면의 소리에 귀를 기울이기 위해서는 급하게 서둘러서는 안 된다. 시간이 부족해서, 늦어질까 두려워 서두르다 보면 가장 강하게 압박하는 사람이나 가장 목소리가 큰 사람의 뜻을 따르게 된다. 자기 자신은 더 이상 존재하지 않게 되고, 결국 자신의 소리는 들을 수 없다.

시간의 압박에서 벗어나기 위해서는 긴급한 일과 중요한 일을 구분할 줄 알아야 한다. 급한 일이라고 해서 모두 중요한 것은 아니다. 그 차이를 구분한다면 대부분의 압박으로부터 자유로워질 수 있다. 제한된 시간 내에 우선적으로 완성해야 할 일을 방해받지 않고 해낼 수 있는 것이다.

시간의 압박에 굴복하다 보면 자신의 판단을 신뢰할 수 없다. 급한 일들이 앞다퉈 쏟아질 때는 한 가지 질문을 던져보는 것만으로도 많은 도움이 된다. "급한 일이기는 한데, 중요한 일인가?"

일상의 삶에서도 마찬가지로 급한 일과 중요한 일을 구분할 줄 알아야 한다. 아이들을 행복하게 하는 것, 삶을 온전히 누리는 것이야말로 중요하다. 회사에서 정신없이 일하는 순간에도 인생에서 가장 중요한 일은 회사 밖에 있는 법이다.

그러므로 서두르되 시간의 압박에 종속되지는 않아야 한다. 이처럼 의식적으로 급한 일과 중요한 일을 구분한다면 자기 내면의 목소리에 귀를 기울일 수 있을 것이다.

2
자신감은 방향을 잃지 않는 것

자기 신뢰의 문제를 진지하게 다룬 유일한 철학자는 랠프 왈도 에머슨이다. 오바마와 스티브 잡스가 가장 존경하는 인물이기도 한 에머슨은 1841년에 발표한 짧은 글 《자기 신뢰$^{Self-Reliance}$》에서 구조대원과 같은 삶의 모습을 그려냈다.

"세상에 속한 채 세상의 견해를 따르며 살기는 쉽다. 홀로 고립되어 자신의 생각만을 따르며 살기도 쉽다. 하지만 군중들 틈에서 온전하게 고독과 독립을 지키며 사는 사람은 위대하다."

자기 자신을 신뢰하는 사람은 군중들 틈에서도 마치 고요한 곳에 혼자 있는 것처럼 자기 내면에 귀를 기울일 줄 안다.

에머슨은 혼자 있을 때 내면의 소리에 귀 기울이는 연습을 하라고 권한다. 이 목소리는 언제나 우리 안에 있지만 혼자 있을 때 가장 명료하게 들린다. 정신을 한곳으로 모으면 내면의 목소리가 명료하게 들린다. 그러나 에머슨은 우리가 밖에서 답을 구하려고 하면 내면의 목소리는 점점 희미해져서 더 깊이 침잠한다고 말한다.

내면의 소리를 듣는 연습

구조대원들은 항상 긴급한 상황에 놓여 있다. 그들의 눈앞에 밀려 들어오는 것은 회사 이메일이 아닌 피를 흘리는 부상자들이다. 구조대원들은 무엇보다 긴급하게 움직이면서도 나아가야 할 방향을 잃지 않는다. 상대적으로 더욱 응급한 상황들이 있다는 사실을 잘 알고 있기 때문에 주변의 소란에 정신을 흐트러뜨리지 않으며, 촌각을 다퉈야 하는 시간의 압박에도 휘둘리지 않는다.

이들은 오랫동안 평정심을 다져온 사람들이다. 그리고 바로 그 시간 동안 쌓은 경험으로 가장 중요한 일, 즉 최대한 많은 생명을 살려내야 하는 긴급한 상황에서도 자신의 판단에 귀를 기울일 수 있는 것이다.

　야전병원의 의사나 구급대원들의 삶은 에머슨이 말한 내면의 위대함을 보여준다. 이들이 소란스러운 상황에서도 적절한 판단을 내릴 수 있는 것은 자신답게 존재하는 힘을 가지고 있기 때문이다. 에머슨은 "자신의 영혼을 섬광처럼 가로지르는 내면의 반짝임을 볼 줄 알아야 한다"고 말한다.

　나는 가끔 어려운 문제나 굉장히 신나는 도전에 직면했을 때 단번에 그것을 처리하려고 하지 않는다. 우선 그 일이 내 마음속 깊이 스며들 때까지 내버려둔다. 그러면 며칠 뒤 머릿속에 기발한 아이디어나 해답이 불쑥 튀어나온다. 나는 내면의 목소리와 무의식이 필요한 답을 끌어내 줄 것이라고 믿는다.

　내가 원하는 답을 찾기 위해서는 인내심이 필요하다. 어려운 문제를 만나더라도, 바로 그 자리에서 모든 것을 해결하려고 하지 마라. 그 문제에 대해 찬찬히 생각할 시간을 가져라. 때로는 그저 잠을 푹 자는 것이 최선의 방법일 때도 있다.

　내면의 소리를 듣기 위해서는 반복적인 습관, 즉 자신과의 약속이 필요하다. 아주 사소한 습관을 통해 정신없이 흘러가는 삶 속에서 스트레스나 노이로제로부터 멀어질 수 있다. 자신을 되찾을 수 있도록 도와주는 것이다.

매주 두 번 상담실 가기, 일주일에 세 번 조깅하기, 매일 명상 또는 요가 하기 등 규칙적인 습관들은 자신에게 귀를 기울일 수 있는 틀을 마련해 준다. 이 시간 동안 우리는 다시 숨을 고르고 본래의 자신다운 모습으로 돌아갈 수 있다. 그러면 대부분 자신을 묶고 있던 매듭도 풀어지게 마련이다.

골치 아픈 회사 일에 대한 해결책이 떠오르기도 하고, 연인과의 관계에서 자신이 무엇을 원하는지도 깨닫게 된다. 자신의 내면을 더 또렷하게 바라볼 수 있기 때문이다. 긴장이 풀릴 때 이러한 한 줄기 빛이 나타나면 자신에 대한 믿음이 생긴다. 정답은 이미 내 안에 있고, 그 답에 귀를 기울일 수 있는 무언가가 필요했던 것이다.

결국 인생의 해답은 자신 안에 있다. 인생의 돌파구를 찾기 위해 책을 읽거나 타인의 조언을 구할 수도 있지만 무엇보다 어려움을 극복할 수 있는 충분한 지혜는 나 자신에게 있음을 알아야 한다.

나를 위한 의식 만들기

심리 상담을 받으러 가면 의자에 누워 이야기를 시작한다. 프로이트의 자유연상 기법을 따라 '마음에 떠오르는' 것들을 말한다. 그러다 보면 갑자기 무엇인가 명확해진다. 내가 보지 못했던 부분, 내가 보고 싶지 않았던 부분들이 보이기 시작한다. 내가 왜 화가 났는지, 왜 마음이 풀렸는지 알게 된다. 이때 나는 스스로를 속이지도 않고 억누르지도 않는다.

오래전 우울증에 빠져 있었던 나는 상담실을 찾아 어떤 것에도 얽매이지 않고 내면의 소리에 귀 기울인 결과 우울증에서 벗어날 수 있었다. 이러한 시간은 내게 멈춰 설 기회와 스스로를 속이지 않을 틈을 마련해 주었고, 나는 마침내 자신의 소리에 귀를 기울일 수 있었다.

《어린 왕자》에는 여우가 아무 때나 찾아오는 왕자에게 이렇게 타이르는 장면이 나온다.

"같은 시간에 오면 더 좋을 텐데." 여우가 말했다. "예를 들어 네가 오후 4시에 온다면 난 3시부터 행복해지기 시작하겠지. 시간이 흐를수록 점점 더 행복해질 거야. 4시에는 들떠서 안절부절못하게 될 거야. 그러고는 행복이 얼마나 값진 것인지 알게 되겠지! 그런데 네가 아무 때나 오면 몇 시부터 마음을 단장해야 할지 모르잖아. 그런 의식이 필요해."

"의식이 뭐야?" 어린왕자가 말했다.

"그것 역시 너무 자주 잊게 되는 거야." 여우가 말했다. "어떤 하루를 다른 날들과 다르게 만들고, 어떤 시간을 다른 시간들과 다르게 만드는 거지."

여우는 '의식이 필요하다'고 말했다. 정해진 의식(儀式)이 없다면 오로지 개인의 의지로만 긴장에서 벗어나 자신답게 존재할 수 있어야 한다. 예를 들어 매주 화요일과 목요일 저녁 7시에 상담이 예약되어 있다면, 일종의 의식 덕분에 이제는 상담이 필요한 상태에 쉽게 빠지지 않는다.

매주 일요일 오전 11시마다 예배를 드린다면, 이제 교회에 가는 것이 크게 힘들지 않게 된다. 규칙적인 의식은 일부러 애쓰지 않아도 할 수 있도록 나를 지탱한다. 매번 의지만으로 중압감과 저항을 이겨내야 한다면, 상담도 기껏해야 한 달에 한 번 정도, 교회도 1년에 한 번 정도밖에 가지 않게 될 것이다.

한편 여우는 어린 왕자에게 '의식이란 어떤 하루를 다른 날들과 다르게 만드는 것'이라고 설명했다. 규칙적으로 반복되는 의식은 반복적이지 않은 일들을 돋보이게 하는 역할을 하기도 한다. 중간중간 규칙적으로 쉬어 가지 않는다면 내가 어떤 속도로 전진하고 있는지 알 수 없다. 그러므로 현대사회에서 퇴색해 버린 의식의 의미를 되찾아야 한다.

예전에는 더 많은 의식을 갖추고 있었지만 당시에는 내면에 귀를 기울이는 능력이 필요 없었다. 이런 능력은 오히려 규범을 위협하고 무질서를 초래할 위험이 큰 것으로 여겼다. 오로지 규범과 전통에 복종하던 시대에 자신에 대한 믿음은 의미가 없었다. 원로들이 지식을 쌓고 왕족이 결정을 내리는 사회에서 자기 내면의 소리에 귀를 기울일 이유가 없었던 것이다.

자기 신뢰는 민주주의 원칙이 급부상하고 계몽주의 철학가들이 업적을 이루면서 떠오른 하나의 현대적 이상이다. 칸트는 "네 자신의 이성을 사용하려는 용기를 가져라. 이것이 계몽의 표어다"라고 말했다. 자신의 이성을 자유롭게 사용하라는 칸트의 말은 결국 자기 내면의 소리에 귀를 기울이라는 의미다.

진정한 자유가 자신감을 만든다

자신의 직관을 신뢰하고 내면의 소리를 듣는 법을 배운다는 것은 자유로워진다는 의미다. 거짓된 진리 뒤에 숨거나 '현인'들의 주장에 무조건적으로 복종하는 사람들은 더 이상 자유롭지 않다. 사르트르는 이러한 자유를 포기하는 것을 '자기 기만', 즉 자신에 대한 잘못된 믿음이라고 말했다.

반면 진정한 자기 신뢰란 자신에게 주어진 자유를 믿는 것이다. 우리는 자유에 대해 오해하는 경우가 많다. 자유를 단지 제약이 없는 것으로 생각한다. 그래서 이런저런 제약이 있으면 자유롭지 않다고 단정해 버린다.

하지만 제약이 없는 것과 자유는 아무런 상관이 없다. 베르그송은 우리가 온전히 자신일 때 비로소 자유롭다고 말했다. 이것은 그야말로 자기 내면의 소리를 듣는 것을 의미한다.

우리가 인생에서 어떤 중요한 일을 하려고 할 때마다 주위 사람들은 자기가 옳다며 오만 가지 충고를 내놓는다. 이때 하나만 명심하자. 충고는 무엇보다 자기 스스로 구해야 한다.

자신의 소리를 온전하게 들을 때 비로소 자유로운 법이다. 긴급한 상황에서 신속하게 움직이는 구조대원들은 제약이 없기는커녕 오히려 복잡하게 얽힌 제약에 갇힌 상태나 다름없다. 그러나 베르그송의 관점에서 보면 그들은 자유로운 사람들이다. 긴급하게 움직이는 가운데서도 전적으로 자신의 판단을 믿고 있기 때문이다.

'컵에 물이 반이나 차 있네'라는 식의 긍정적인 생각을 억지로 끄집어낸다면 우리는 결코 자유로워질 수 없다. 또한 끊임없이 후회하며 '컵에 물이 절반밖에 없네'라는 식의 부정적인 생각을 하지 않더라도 결코 자유로워질 수 없다. 두 경우 모두 자신을 신뢰하지 못하기 때문이다.

나 자신을 온전히 믿어야 한다. 나 자신을 온전히 받아들일 때

마침내 자유로워질 수 있다. 그러면 높은 둑이 무너지듯 내적으로는 내면을 장악하는 어떤 한 부분에 더 이상 종속되지 않으며 외적으로는 하늘이 내린 진리에도 종속되지 않는다. 외면과 내면이 모두 자유로워진 우리는 마침내 자기 자신을 신뢰할 수 있게 된다.

에머슨은 "자기 자신을 신뢰하라. 그러면 강철 같은 현의 떨림이 모든 이들의 가슴을 울릴 것이다"라고 말했다. 이 떨림에 귀를 기울이고 찾아내는 법을 배우자.

또한 "이게 진짜 급한 일이다"라거나 "논의할 필요도 없다"거나 "원래 그런 것"이라며 서로 앞다퉈 반복하는 소리에 귀 기울이지 않아야 한다. 이런 소리는 결코 멈추지 않을 것이다. 그럼에도 자기 자신을 신뢰한다는 것, 그것은 시선을 돌려 자기 자신을 바라보고 자신의 소리를 들을 수 있게 된다는 것을 의미한다. 자신을 바라보고 자신의 목소리를 들을 수 있게 되면 삶을 대하는 태도에 자신감이 넘친다.

"자신감을 잃으면
온 세상이 나의 적이 된다."

_ 랠프 왈도 에머슨

제4법칙

자신감은 결단력에서 비롯된다

망설임 없이 선택하고
결정하는 법

1
모든 결정은
불확실하다

우리의 삶은 끊임없는 판단의 순간들로 이루어져 있다. 지금 계약서를 쓸 것인지, 이사를 갈 것인지, 회사를 옮길 것인지, 어떤 것이 옳은지 명확하게 알 수 없다. 하지만 중요한 것은 누구도 나를 대신해 결정을 내릴 수 없다는 것이다. 삶이 결정을 요구할 때 여기에 응하는 것 또한 우리의 몫이다.

우리에게 주어진 결정권을 온전히 사용하지 않는다면 어떤 것도 선택할 수 없을뿐더러 앞으로 나아가지도 못하고 결국 삶에 대한 자신감을 잃고 말 것이다.

불확실성에서 확실한 것을 찾아내는 것

한 젊은 여성은 꽤 괜찮은 일자리를 제안받았지만 결정을 내리지 못하고 있다. 지금 하고 있는 일이 아주 재미있지는 않아도 적당한 급여를 받고 있는 데다 동료들도 마음에 들고 집에서도 가까워 분명 안정적인 직장이기 때문이다. 그녀는 비록 꿈꿔 왔던 직장은 아니지만 그럭저럭 괜찮은 곳이라고 생각했다.

새로 제안받은 회사는 그녀가 하고 싶었던 일을 할 수 있는 곳이다. 그곳에 다닌다면 분명 능력을 키우는 데는 도움이 될 것이다. 하지만 생긴 지 얼마 안 된 중소기업인 데다 집에서도 멀다. 더구나 어떤 사람들과 함께 일할지도 모르고 월급도 지금보다 적다. 물론 잘되면 능력을 인정받아 돈을 훨씬 더 많이 벌 수도 있다.

두 아이의 엄마이기도 한 그녀에게 지금 다니는 곳은 안정적인 삶을 보장해 준다. 열정적으로 일하지는 않더라도 정신적인 평안함을 얻을 수 있는 곳이다. 하지만 새로운 직장은 열정적으로 하고 싶은 일을 할 수 있지만 아이들을 키우는 엄마로서는 위험 요소가 많은 편이다.

그녀는 어느 한쪽을 선택했을 때 후회할지도 모른다는 두려움이 엄습했다. 잘못된 선택을 할지도 모른다는 것이었다. 시간은 계속 흘러가는데도 안정과 열정 사이에서 결단을 내리지 못하고 있다. 어떻게 하면 우유부단함에서 벗어나 결단을 내릴 수 있을까?

흔히 결정하지 못하고 계속 망설이는 이유를 부족한 논리나 자료, 지식 탓으로 돌리는 경향이 있다. 하지만 이것은 잘못된 믿음이다. 그저 자신감이 부족해서 결정을 내리지 못하는 경우가 대부분이다. 확실한 근거가 없기 때문이 아니라 스스로 확신을 가지지 못하기 때문이다. 즉, 자기 신뢰가 없는 것이다.

결정을 내린다는 것은 불확실한 상황에서 확신을 가질 수 있는 무언가를 찾아내는 것이다. 의구심이 들기는 하지만 결국은 앞으로 나아가는 것이다. 결정적인 근거가 없는데도 앞으로 나아갈 수 있는 것은 자신감, 즉 자신에 대한 확신이 있기 때문이다.

하지만 이것은 결코 쉬운 일이 아니다. '책임'을 떠안아야 하고, 예상하지 못한 결과들을 받아들여야 하기 때문이다. 하지만 이것은 결정이 지닌 본질적인 특징이다.

이러한 결정은 확실한 논거 없이 무언가를 선택해야 하는 일이다. 아무것이나 선택하라는 것은 아니지만, 그렇다고 어떤 명확한 근거를 가지고 선택하는 것도 아니다.

이처럼 결정하기 어려운 이유는 우리의 삶 자체가 불확실하기 때문이다. 하지만 인간의 삶이란 입력한 내용에 따라 나타나는 것이 아니므로 불확실성은 불가피하게 받아들여야 한다. 심지어 앞으로 나아가기 위해서는 불확실성을 받아들이는 데 그치는 것이 아니라 불확실성을 즐겨야 한다.

회사를 옮기는 문제로 고민하고 있는 여성은 불확실성을 받아들이지 못하고 있는 것이다. 모든 결정은 본질적으로 위험을 내포하고 있다. 어떤 결정이든 위험이 따르게 마련이다. 위험 요소를 최소한으로 줄인다고 해도 완전히 없어지지는 않는다. 이러한 사실을 받아들이지 못한다면 결정을 내리지 못한다. 더구나 두려움에 떨면서 결정을 한다면 잘못된 선택을 하기가 쉽다. 자신감이 있는 사람은 결정의 위험성을 익히 알고 있다. 하지만 확신을 가지고 있기 때문에 효율적인 결정을 내리고 실행하는 것이다.

선택과 결정을 구분하라

결단력을 가지기는 쉽지 않지만 이것을 연마하지 않으면 결코 자신감을 얻을 수 없다. 자신 있게 결단을 내리지 못하고 우유부단하게 행동한다면 매 순간 선택의 기로에 놓이는 악순환을 반복하게 된다.

우리는 흔히 '선택'과 '결정'을 혼동하는 경우가 많다. 두 가지를 구분하는 데는 철학의 도움이 필요하다. 두 단어가 때로는 같은 의미로 사용되고 있는 것도 사실이다. 하지만 두 개념은 전혀 다른 논리를 지니고 있다.

선택은 논리적이고 합리적인 것으로, 검토를 통해 불확실성을 최대한 줄인 다음에 할 수 있는 행동이다. 두 지역을 두고 어디로 여행을 갈지 고민한다고 해보자. 객관적으로 장단점이 명확하게 드러난다면 동일한 예산으로 더 큰 만족을 안겨줄 수 있는 곳을 선택하면 된다. 이러한 선택에는 진정한 자기 신뢰가 필요하지 않다. 정확하게 계산하고 따져보면 된다. 그러나 두 곳이 각각 나름대로 장점을 가지고 있고, 차별화할 만한 객관적인 요소가 없다면 여행지를 선택하는 것이 아니라 결정해야 한다.

합리적 기준들이 있을 때 우리는 선택한다. 결정은 선택의 기준이 모호하기 때문에 자유로운 판단에 맡기는 것을 의미한다. 선택은 이미 알고 행동하는 것이며, 결정은 알아차리기 전에 행동하는 것이다.

그러므로 선택보다 결정할 때 훨씬 더 자유로울 수밖에 없다. 결정은 명확하게 정해진 기준들을 따르지 않아도 되기 때문이다.

하지만 바로 이 자유 때문에 오히려 불안감을 느끼는 것이다.

회사를 옮기는 문제로 고민하는 여성은 불안감이 공포로 변하고 있다. 자신이 내리는 선택의 결과가 두렵기 때문이다. 회사를 옮기지 않으면 평범하기는 해도 안정된 삶을 살 수 있겠지만 자녀들에게 대단한 모범을 보여주지는 못할 것이다. 반대로 용기를 내서 회사를 옮긴다면 불안정한 생활을 감수해야 한다. 그녀는 차라리 아무것도 결정하지 않고 싶을 것이다. 결국 그녀를 고민하게 하는 것은 바로 그녀 자신의 자유다.

우리는 선택만 해도 충분한 일을 결정해야 할 일이라고 잘못 생각하는 경우가 많다. 일반적인 상식이나 엑셀 자료만 있으면 되는 일, 관례와 절차를 따르기만 하면 되는 일을 할 때는 아무것도 결정하지 않아도 된다. 판단의 근거가 없을 때, 불확실할 때 결정이 필요하다.

올바른 선택인지 아닌지 확신할 수 없을 때는 결정의 칼을 들어야 한다. 실제로 결정을 의미하는 'decision'은 '잘라내다'는 뜻의 라틴어 'decidere'에서 유래했다. 그러므로 결정을 해야 하는 이유는 '모르기 때문'이다. 결정은 어렵고 선택은 쉽다. 그래서 결정해야 하는 순간에도 선택을 하고 싶어 하기 때문에 괴로움에 빠지는 것이다.

비트겐슈타인Ludwig Wittgenstein이 강조했던 것처럼 때로는 몇 가지 개념들을 명확하게 구분하고 생각하는 것만으로도 더 나은 삶을 살 수 있다. 선택과 결정의 차이를 명확히 이해하면 식당에서 메뉴를 고르는 것과 같은 작은 일부터 직장을 옮기거나 계약서를 작성하는 큰일에 이르기까지 많은 도움을 얻을 수 있다.

2
도전하기 전에
결정할 것

대서양을 최초로 횡단한 여성 조종사이자 언론인 아멜리아 에어하트Amelia Earhert 는 결정이 필요한 순간에도 쉽게 선택하는 것은 그만큼 결정을 내리는 데 주저하기 때문이라고 말한다. 그러면서 가장 중요한 것은 행동하기로 결정하는 것이라고 한다. 나머지는 끈기만 있으면 된다.

두려움이란 종이호랑이에 불과하다. 일단 결단을 내린 다음에는 무슨 일이든 해낼 수 있다. 자신의 삶을 바꾸기 위해 행동에 나

선다면 과정과 절차는 저절로 따라오게 마련이다.

불확실한 현실을 바꿀 수는 없다, 그렇다면?

회사를 옮기는 문제를 두고 그 여성은 왜 결정하지 못하고 있을까? 불확실성이 두렵기 때문이다. 그녀는 의식적이든 무의식적이든 어떤 데이터 처리 프로그램이 자신의 상황을 분석하고 예측해서 어느 쪽이 올바른 선택지인지 알려주기만을 기다리고 있는 듯하다. 하지만 그런 프로그램은 존재하지 않는다. 그리고 삶이 아름다운 이유는 바로 그런 불확실성 때문이다.

우리 모두는 불확실성 앞에서 얼어버리곤 한다. 모든 일을 확실히 예측할 수 있다면 우리의 삶이 얼마나 무미건조하겠는가. 물론 실수를 할 수도 있고, 자신의 결정으로 힘들어질지도 모른다. 하지만 이런 변수는 우리 삶의 양념이 되곤 한다.

이러한 변수를 진정으로 받아들인다면 오히려 자신 있게 결정할 용기가 생긴다. 그러면 명철하게 결정을 내릴 것이며, 한편으로는 모든 결정에 내재되어 있는 가능성, 즉 적절한 결정이 아닐 수도 있다는 사실을 보다 차분한 마음으로 받아들일 수 있을 것이다.

불확실성을 받아들이기 위해서는 마음 깊은 곳을 열어야 하는 데, 쉽지 않은 일이다. 우리는 늘 모든 지식을 동원해 불확실성을 최소화하려고 하기 때문이다. 이러한 불확실성을 해소하기 위해 철학 또는 지혜가 필요한 것이다.

'천국은 마음속에 있다'는 스리랑카의 속담은 수많은 혁명이 내적 변화에서 시작된다는 것을 잘 보여준다. 우리의 삶에서 불확실성은 언제나 남아 있다. 불확실한 현실을 바꿀 수는 없다. 하지만 불확실성을 받아들이는 나의 태도를 바꿀 수는 있다. 불확실성을 부정하다 보면 더욱 지치고 불안해진다. 불확실성을 부정할 것이 아니라 오히려 직면한 사람은 모든 일이 더욱 쉬워지게 마련이다.

이직을 고민하던 그 여성도 마침내 내적 변화가 일어났다. 센 강변을 조깅하던 그녀는 제 속도를 찾고 나자 편안한 마음이 들었다. 그리고 불확실성을 다르게 바라보기 시작했다.

"성공은 보장되지 않고, 미래는 정해져 있는 것이 아니지. 그래, 모험을 해봐야겠다. 회사를 옮기자."

그녀는 자신의 의지로 결정을 내리자 오히려 마음이 차분해졌다. 옳은 결정이라는 확신이 들었기 때문이 아니다. 그저 그녀가 결정을 내렸기 때문이다.

결정할 수 있는 자유를 즐겨라

일단 불확실성을 받아들이고 나면 결정을 내릴 때도 불안하거나 두렵지 않다. 위험이 따를 수도 있음을 충분히 알고, 삶이란 과학처럼 정확한 공식으로 움직이는 것이 아님을 알기 때문이다. 실수할 수도 있다는 사실을 받아들이면 오히려 자유롭게 결단을 내릴 수 있는 것이다.

자기 자신을 신뢰한다는 것은 두려움에 떠는 대신 자신이 가진 자유를 즐기는 것이다. 자신이 결정을 내릴 수 있다는 것에서 특별한 기쁨을 느끼는 것이다.

선택과 결정의 차이를 가장 분명하게 강조한 학자는 키르케고르Sören Kierkegaard일 것이다. 그는 선택과 결정의 차이를 종교적 신앙을 정의하는 데 적용했다. 그는 신앙을 '초합리적 도약'이라고 보았다. 이성을 뛰어넘는, 합리적 선택을 뛰어넘는 도약이라는 것이다. 다르게 말하자면 이것은 순수한 결정이다.

그는 신을 '선택'했다고 주장하는 사람들은 신앙을 논리, 가치, 심지어 합리적 논증의 차원으로 제한하고 있다고 비판했다. 그런 사람들은 신은 물론 자기 자신도 믿지 못하고 있다고 보았다. 그들은 자유롭지도 못하다.

신학자인 키르케고르는 신을 믿는 것을 순전한 광기로 보았다.

분명 가장 아름다운 일이기는 하지만 어쨌든 광기인 것은 분명하다. 그의 주장은 '신은 증명되는 존재가 아닌 체험되는 존재다'라고 말한 파스칼Blaise Pascal의 명제와도 일치한다.

우리는 신을 믿는 것에 대해 어떤 '근거'도 가지고 있지 않다. 인간의 폭력성과 악을 자행한 역사를 보면 오히려 신을 믿지 않아야 할 근거들이 더 많은 듯하다. 그러나 키르케고르는 신을 믿는 것, 즉 신의 존재를 결정하는 것은 우리의 자유라고 보았다

반대로 신의 존재가 과학적인 추론이나 공식으로 증명할 수 있다면 신을 믿어야 할 필요가 없다. 신의 존재가 학문에 속해 버리기 때문이다. 하지만 무엇으로도 신의 존재를 입증할 수 없다면, 그 어떤 객관적 논거도 없다면 신을 믿고 안 믿고는 오직 우리의 자유 의사에 달려 있다.

키르케고르는 신앙이란 선택이 아닌 결정이라고 단언하며 교리나 논리의 구속에서 해방시켰다. 신앙은 자유로운 마음, 순수한 믿음에 속한다는 것이다. 여기서 키르케고르는 또 하나의 중요한 사실을 말해 준다. 합리적 선택과 거리가 먼 결정일수록 자기 신뢰가 필요하다는 점이다.

자기 신뢰가 최고점에 도달하면 자신이 아닌 다른 무언가에 대한 신뢰가 된다. 키르케고르에게 자기 신뢰란 자신에 대한 신뢰인

동시에 신에 대한 신뢰였다. 이는 또한 미래에 대한 신뢰, 타인에 대한 신뢰, 삶에 대한 신뢰가 될 수도 있다.

3
사소한 것부터
결정하는 훈련

무언가를 결정하는 행위는 삶 자체의 불확실성을 드러내는 것과 같다. 따라서 결정을 내릴 때마다 우리는 조금씩 자기 신뢰를 하면서 자신감을 얻을 수 있다.

일상의 작은 일들은 자기 신뢰와 자신감을 훈련하는 좋은 기회가 된다. 사소한 작은 결정들은 큰 결정을 내리기 위한 일종의 준비이자 연습이기 때문이다. 불확실한 것들을 외면하기보다 받아들이고 빠르게 결정하는 연습을 해보자.

결정하는 시간을 줄여라

우리는 매일 아침 거울 앞에 서서 묻는다. 치마를 입을까, 바지를 입을까? 티셔츠를 입을까, 와이셔츠를 입을까? 이 청바지가 잘 어울릴까? 과연 오랫동안 고민해야 할 문제인가?

이번에는 회사 책상 앞에 앉았을 때를 떠올려보자. 포스트잇에 해야 할 일들이 적혀 있을 것이다. 무엇부터 시작해야 할까? 자기 신뢰와 자신감을 키우기 위한 훈련은 이런 작은 것에서부터 시작된다. 무엇이든 빨리 결정하는 법을 배우는 것이다. 결정하는 매 순간마다 자유를 느낄 것이다.

사소한 것조차 빨리 결정하지 못한다면 어떻게 더 큰 결정을 내릴 수 있겠는가? 결정하는 법을 익힐수록 자신감이 생기고, 자신감은 또다시 결단력을 높여주는 선순환이 이루어진다. 반대로 사소한 것조차 결정하지 못하면 결단력은 점점 더 떨어진다.

결정하는 방법을 배울 기회는 많다. 예를 들어 고등학교 교사들은 학생들에게 여러 논술 주제 중 한 가지를 '선택'하라고 하면서 빠른 결정이 중요하다고 강조한다. '그것이 좋은 주제라서 고르는 것이 아니라 그 주제가 좋다고 생각했고, 그 주제가 좋을 것이라고 판단했기 때문에 선택해야 한다'고 덧붙여도 좋다.

자신감이 부족한 학생들, 주제를 '선택'하는 데 너무 많은 시간을 허비하는 학생들에게 도움이 될 것이다. 이런 학생들은 항상 그 주제를 택해야 하는 이유가 갑자기 떠오르기라도 할 것처럼 한참 동안 찬성과 반대 의견을 따지고 있기 때문이다.

어린아이들에게도 결정과 선택의 차이를 가르쳐야 한다. 결정을 할 때는 의구심이 하나도 남지 않을 때까지 기다릴 필요가 없다는 것을 알려줘야 한다. 그런 의심들 속에서도 앞으로 나아가는 것이 진정한 자유라는 것을 말해 주자.

간디, 샤를 드골, 마틴 루터 킹 등 인류의 발전을 이끈 영웅들도 결과를 확신하고 변화를 이끌었던 것은 아니었다. 이들은 모두 용기를 내서 불확실성과 맞서 싸웠다. 누구나 그러한 힘과 위력을 간직하고 있음을 말해 줘야 한다.

아주 작은 일부터 결정하는 법을 가르칠 수 있다. 선물 두 개, 학원 두 곳, 친구 두 명 중에서 하나를 고르라고 하면 아이들은 오랫동안 망설이곤 한다. 이때 이렇게 말해 주자.

"자, 결정해 보렴. 이건 내일이 오면, 10분이 지나고 나면 사라질 것들이 아니란다. 특히 네가 한쪽을 택하지 않는다고 하더라도 누군가 너를 위해 선택해 줄지도 모르지. 네가 더 좋아하는 것이 무엇이니? 혹시 네가 실수한다고 하더라도 삶은 어쨌든 무언가를 가르쳐줄 거야. 네 자신을 신뢰하고, 너의 삶을 신뢰하렴."

더 많이 결정할수록 자신감이 커진다

결정을 내릴 때마다 우리는 자기 신뢰가 곧 삶에 대한 신뢰라는 사실을 깨닫게 된다. 실수하더라도 얼마든지 바로잡을 수 있다. 에머슨은 "가장 훌륭한 배의 항로는 주변의 수많은 선들로 이루어진 파선(破線)뿐이다"라고 말했다. 바람이 정면에서 불어올 때면 그 바람을 이용하는 것 외에는 다른 선택지가 없다. 즉, 지그재그로 방향을 틀어가며 앞으로 나아가야 하는 것이다.

우리도 배와 같이 게걸음으로 조금씩 전진하며 계속해서 시도하고 또 고쳐나가야 한다. '실수는 인지상정'이라는 격언이 있다. 단순히 실패한 사람들을 위로하기 위한 말이 아니다. 실수는 무언가를 배우는 방법이라는 뜻이기도 하다. 실수를 하면서 배우는 것은 다른 동물들은 할 수 없는 오로지 인간만의 전진법이다. 인간이라는 동물에게는 바람이 항상 정면에서 불어오는 법이다.

인생은 매순간 불확실한 것들을 결정하는 과정의 연속일지 모른다. 에머슨은 결정의 미숙함과 어려움에도 불구하고 자기만의 길을 가라고 말한다.

"자신의 행동에 대해 지나치게 소심하거나 예민해지지 말라. 인생은 실험의 연속이다. 더 많이 시도할수록 더 나아지는 것이다. 좀 서투르다고, 옷에 흙이 묻거나 좀 찢어졌다고 뭐 어떻단 말인가? 설사 실패를 한들, 한두 번 진흙탕에 굴렀다 한들 그게 뭐 대수란 말인가? 다시 일어서라. 실패를 결코 두려워하지 말라."

　자신감 있는 사람들은 실패를 두려워하지 않고 난관에 부딪쳐도 툭툭 털고 일어날 줄 안다. 자신이 원하는 것을 얻기까지 수많은 난관에 부딪친다는 것을 잘 알고 있다. 그래서 자신감 있는 사람은 큰 흐름에 순응하며 한 가지에 일희일비하지 않는다.

　망설임과 주저하는 마음이 커질 때마다 자신에게 영감을 주는 무언가를 생각하라. '나만의 독특한 점은 무엇인가?', '일상생활에서 나만의 독특함을 부각시킬 수 있는 방법은 무엇인가?' 그것을 찾고 드러내기 위해 부단히 노력할 때 그 사람은 다른 사람이 아닌, 자기 자신의 인생을 살 수 있다.

　에머슨은 자신이 무엇을 할 수 있는지 확실하게 알 수 있는 사람은 바로 자신이라고 했다. 그리고 그것을 알 수 있는 유일한 방법은 실제로 시도해 보는 것이라고 했다. 무언가를 시도하기 위해서는 일상에서 끊임없이 부딪치는 불확실한 결정의 순간에 자신 있게 결정을 내릴 수 있는 내면의 힘을 더욱 키울 필요가 있다.

　이러한 결정의 힘을 바탕으로 무엇인가를 실제로 해보고, 그것에 푹 빠져봐야 그것을 할 수 있을지 없을지 깨닫게 된다. 자신의 능력에 대해 확신이 서는 것이다.

결정을 내린다는 것은 안전지대에서 벗어나는 것이다. 중요한 것은 결단력이 지금까지 해보지 않은 일에 도전하는 기반이 된다는 사실이다.

우리는 또다시 스스로를 안심시키고 다시 위험으로 몰고 간다. 선택하는 법을 배우고 나서 결정에 도전한다. 자기 신뢰는 위험과 도전 모두를 받아들이는 것이다.

"할 수 있다고 믿으면 그렇게 되고,
할 수 없다고 믿어도 그렇게 된다."

_ 샤를 드골

제5법칙

작은 성공이 자신감을 더욱 키운다

**매일 1가지씩
성공의 경험을 하는 법**

1
매일매일 성공을 맛보는 법

"사람은 온 마음을 다해 작업에 몰두하고 최선을 다할 때 기쁨과 만족을 얻는다. 하지만 그렇지 못한 말이나 행동은 그에게 평안을 가져다주지 못한다"고 에머슨은 말했다.

우리가 잘하는 일을 하면서 즐거움을 얻으면 자신감이 생긴다. 우리가 아무것도 '행하지' 않는다면, 우리의 직업이 더 이상 무엇을 행하는 일이 아니라면, 직업을 통해 진정한 노하우를 쌓을 수 없게 된다면 결코 자신감을 얻을 수 없을 것이다. 따라서 자신감을 얻어서 행동하는 것이 아니라, 자신감을 얻기 위해 행동해야 한다.

단순한 일에서 성취감 얻기

철학 박사이자 미국 워싱턴 싱크탱크 연구소장이었던 매튜 크로포드Matthew B. Crawford는 독특한 제목의 에세이《손으로 생각하기 Shop class as soulcraft》에서 자신감을 찾게 된 이야기를 한다. 좌절감에 빠지고 자신의 가치와 삶의 의미에 의구심을 품었던 그는 오토바이 정비소 일을 하면서 자신감을 되찾게 되었다.

그는 사무실에 앉아 자기가 정확히 무엇을 하고 있는지도 모르고 그 일이 어떤 결과를 가져오는지도 확신할 수 없는 상태로 그저 시간을 보내는 것이 자신을 얼마나 위축시키는지 보여준다.

반대로 프랑스 속담처럼 '손을 반죽에 넣는 일', 즉 손과 몸을 직접 써서 일하고, 그 일로 인해 변화되는 것을 눈으로 확인하는 것이 얼마나 큰 성취감을 안겨주는지 강조한다.

그는 과거에 다녔던 두 직장에서 만족도를 유머러스하고 섬세한 문체로 비교하고는 손으로 하는 일, 즉 정비하는 일을 강하게 옹호했다. 이 일은 결코 생각 없이 손만 쓰는 일이 아니며, 심지어

머리로 하는 일보다 더 많은 지식을 요한다는 것이었다.

크로포드는 무언가를 만들거나 고치는 일을 하는 사람들, 특히 물건을 사고, 버리고, 새로 사는 현대사회에서 점점 사라져가는 직업의 명예를 회복해 주었다. 그는 시커먼 오일에 손을 넣거나 직접 부품을 만져가며 작업할 때의 즐거움, 오토바이 수리를 맡게 되는 그 순간 느끼는 책임감, 까다로운 수리 작업을 해냈을 때의 만족감과 자신감, 그리고 마침내 수리한 오토바이를 돌려주면서 나누는 기쁨, 고객과 '얼굴을 마주할 때'의 행복을 이야기한다.

크로포드는 오토바이 수리에 '온 마음을 다해 몰두할' 수 있고 '최선을 다할' 수 있다는 사실을 깨달았다. 이전까지는 겪어보지 못한 경험이었다.

싱크탱크 임원은 왜 정비사가 되었을까?

오토바이 정비소를 하기 전까지 그는 싱크탱크의 고위급 인사였다. 그는 대부분 권력 문제나 민감한 사안들을 다루는 데 시간을 쏟았다. 그의 업무는 대체로 학계 논문들을 읽고 취합하는 것이었다. 특히 그 내용을 정책 방침에 맞게 해석하는 일을 했다.

이런 중요한 일을 하면서도 그는 소외감을 느꼈다. 자신에게는 별 의미가 없어 보이는 일을 반복하는 데서 오는 소외감이었다. 더구나 논문을 깊이 읽어보지도 못하고 보고서를 작성해야 할 때는 괴로움을 느꼈고 어떤 즐거움도 찾을 수 없었다.

그러나 오토바이를 수리할 때는 고장난 부분을 직접 살펴보고 몸으로 부딪히면서 실력이 늘어나고 있다는 것을 느낄 수 있었다. 그는 열네 살 때 전기기사 조수로 일하면서 느꼈던 기분을 다시 한 번 느꼈다. 그것은 무언가를 직접 해보고 그 결과를 눈으로 확인했을 때 느껴지는 희열이었다.

전기 작업을 마치고 "빛이 있으라!"고 외치며 차단기를 올리는 일은 한 번도 지겹지 않았다. 우리 모두 이런 경험이 있을 것이다. 서랍장을 만들거나 가구를 고치거나, 페인트칠을 하고 나면, 이 작은 성공이 주는 기쁨을 한껏 느끼면서 "좋아, 다 됐다!"라고 외치지 않는가.

그러나 직장 생활에서는 이러한 기쁨을 느낄 기회가 많지 않다. 몸을 쓰는 일이 점점 줄어드는 현대인들은 이런 기쁨을 느끼지 못한다.

크로포드는 손으로 하는 일을 통해 되찾은 작은 성공의 기쁨을 현대사회의 지배적인 이데올로기에 비교했다.

"지금의 경영 혁신주의자들은 직원들에게 유연성을 강제로 주입하고, 장인정신은 오히려 없애려고 한다. 장인정신은커녕 전문 지식이 없는 것을 자랑스럽게 여기며 여기저기 기웃거리는 경영 컨설턴트를 선호한다. 반면 직접 손을 써서 일하는 사람들은 대체로 초라하고 궁색하게 보여진다. 엉덩이를 치켜든 채 싱크대 아래 엎드려 있는 배관공의 모습을 상상해 보라."

수많은 경영 컨설턴트와 기업 임원들은 싱크대 아래 엎드려 일하지는 않는다. 그러나 이들은 자신이 하는 일이 정확히 무엇인지, 그 일이 실제로 어떤 효용 가치가 있는지 알지 못한 채 고통받고 있다. 이들이 자신들의 일에 확신을 가지지 못하는 이유는 일에 대한 비판을 받았을 때 객관적이고 구체적인 근거를 들어서 맞설 수 없기 때문이다.

제빵사는 빵집 주인이 비판을 하더라도 자신이 제대로 일하고 있다는 것을 증명할 수 있다. 맛있는 바게트가 눈앞에 놓여 있고, 그것을 한입 먹어보는 것만으로도 그의 주장이 사실임을 확인할 수 있다. 수공업 장인이라면 더 쉽게 확인할 수 있다. 이들은 직접 만든 제품으로 자신들의 재능을 구체적으로 보여준다.

게다가 어떤 수공업 장인들은 사무실에 앉아 일하는 3차 산업 종사자들보다 더 많은 돈을 벌어들인다. 조금 퉁명스러운 배관공이나 전기기사들을 만나본 일이 있을 것이다. 이들이 퉁명스러운 것은 칭찬받을 필요가 없고 사람들의 환심을 살 필요도 없기 때문이다. 그저 누수가 고쳐지고 불이 켜지기만 하면 충분한 것이다.

실물을 영접하는 즐거움

크로포드의 글을 읽다 보면 오늘날 우리가 무엇 때문에 괴로운 삶을 살고 있는지 명확하게 깨달을 수 있다. 가정에서든 직장에서든 이제는 무언가 '할 일'들이 점점 줄어들고 있다. 자동차가 고장 나면 정비소에 맡겨버린다. 정비사들조차 직접 볼트를 죄기보다 진단 모니터를 들여다보는 데 더 많은 시간을 쏟는다. 앞으로는 직접 정비소까지 갈 필요도 없이 자율주행차가 알아서 정비소에 도착하게 될 것이다.

휴대폰이나 노트북도 고장이 나면 문제 해결 프로그램이 자동으로 실행되고, 업데이트만으로 해결하기 힘들면 새 것으로 교체하면 된다. 집 안을 따뜻하게 하기 위해 나무를 베고, 장작을 이고, 불속에 던져 넣고, 공기를 불어넣어 불씨를 유지하던 단순 작업들이 보일러 온도 조절기로 대체됐다.

목적지를 찾아가기 위해 지도를 펼치거나 지나가는 사람들을 붙잡아 물어보는 대신 내비게이션을 켜면 된다. 이렇게 우리는 사물이나 사람과 직접 접촉할 일이 없다. 우리의 삶은 온갖 디지털 장비를 통해 네트워크에 연결되어 있지만, 무언가를 '행하는' 세상에서 점점 멀어지고 있는 것이다.

엄지손가락으로 스마트폰 화면을 쓸어내리고 있지만 다른 사물들을 접촉할 기회는 사라지고 있다. 에머슨은 "문명화된 인간은 마차를 만들었지만 그 대신 두 발의 기능을 잃었다. 목발에 기대고 있지만 몸을 지탱해 줄 근육을 잃어버렸다"고 말했다. 걷는 법을 잊어버린다면 자기 자신을 신뢰하기는 어렵다. 스마트폰 전원이 들어오지 않는 것만으로도 쉽게 패닉에 빠지지 않던가. 이제 디지털이라는 목발이 없다면 우리는 더 이상 앞으로 나아갈 수 없다.

철학자 미셸 세르Michel Serres는 현대사회의 가장 큰 변화가 무엇이냐는 물음에 망설임 없이 농촌 사회의 소멸을 꼽았다. 농촌 사회가 사라지면서 땅에서 일하던 사람들도 함께 사라졌다. 농촌 사람들은 자신의 일이 무엇인지를 정확하게 알았다. 자신이 한 일로 일궈낸 결실을 바로 확인할 수도 있었다. 사람들은 땅에서 자부심과 정체성을 얻을 수 있었다.

나무를 다듬어 테이블을 만드는 목수는 어떤 일을 하고 있는지 정확히 안다. 반죽을 주무르고 빵을 굽는 제빵사도 마찬가지다. 목수와 제빵사 모두 일을 할수록 실력이 늘어난다는 데서 즐거움을 얻는다. 더불어 자신이 만든 빵과 나무 제품을 좋아하는 손님들을 보면서 보람을 느낀다.

우리는 이러한 단순함을 잃어가고 있다. '반죽에 손을 넣기'보다는 그저 회의실에 앉아 있거나 쌓인 이메일들을 처리하거나 표를 채우는 데 시간을 쏟는다. 최종 결과물이 무엇인지조차 모른 채 중간 목표들을 달성하는 데 몰두한다.

이처럼 최종 결과물을 볼 수 없기 때문에 자신의 능력을 확인할 수도 없다. 그저 절차에 따라 일을 하고, 상사에게 보고할 뿐이다. 이런 구조에서는 내가 어떤 일을 하는지 정확히 말하기가 어렵다.

수공업 장인은 집에 돌아와 오늘 어떤 작업을 했는지 이야기하면, 자녀들은 아버지의 일을 금방 이해한다. 그러나 기업 임원의 자녀들은 부모가 어떤 일을 하는지 모르는 경우가 많다. 철학 교실에서 만난 한 아이는 "우리 엄마가 하는 일은 회의예요"라고 말하기도 했다. 자신이 어떤 일을 하는지도 정확하게 설명할 수 없는데, '좋은 결과를 내는 것'이 무슨 의미가 있겠는가? 과연 '노하우'를 논할 수 있겠는가?

현대사회에서는 직접 몸으로 할 수 있는 일들이 많지 않다. 하지만 자신의 업무 내에서 몸을 움직이며 할 수 있는 일들을 찾아서 해보면 자신의 일에 더욱 애착을 느낄 것이다. 가령 보고서상에만 존재하는 거래처에 직접 찾아가 물품 현황을 살핀다거나 현장 사람들의 고충을 들어주는 것도 하나의 방법이다. 여행지에서 내비게이션에 의존하지 않고 지도나 안내 책자를 보고 길을 찾아가 보는 것도 좋다.

2
호모 파베르의
자신감 수업

 자신이 무슨 일을 하고 있는지도 알 수 없는데 자신감이 생길 리가 없다. 필요한 재능이 무엇인지조차 알 수 없는데, 내가 가진 재능을 어떻게 신뢰할 수 있겠는가? 스트레스나 번아웃 증후군(의욕적으로 일하던 사람이 신체와 정신적 피로를 느끼며 무기력에 빠지는 것), 우울증이 증가하는 원인도 각자의 일이 사라졌기 때문이다.

 구체적인 성공의 기준으로 여겨지는 돈도 헛된 보상에 지나지 않는다. 자신이 하는 일이 무엇인지도 모르는 데서 비롯되는 무력감은 높은 연봉으로도 메울 수 없다. 고소득 직장인들 사이에서 번아웃 증후군이 특히 많다는 사실도 이것을 반증한다.

아리스토텔레스의 똑똑한 존재론

아리스토텔레스는 좋은 직업이란 일에 전념할수록 즐거움을 얻고 직접적으로 실력을 평가받을 수 있는 것이라고 말했다. 또한 '좋은 삶'을 살기 위해서는 이러한 직업을 가져야 한다고 강조했다.

카를 마르크스Karl Marx는 1844년 《경제학 철학 초고Ökonomisch-philosophischen Manuskripte aus dem Jahre》에서 이상적인 노동에 대해 이렇게 말했다.

"생산되는 결과물에 나의 개성과 특수성을 실현할 것이다. 일을 하면서 즐거움을 느낄 것이며, 구체적이고 진정한 실력을 인정받으면서 기쁨을 누릴 것이다." 《자본론Das Kapital》의 저자이기도 한 마르크스가 사용한 단어들을 보자. '개성을 실현'하고, '일을 하면서 즐거움'을 느끼고, '인정받으면서 기쁨'을 누린다는 표현들이 눈길을 끈다. 자신감 넘치는 행동을 비유하는 단어들이다. 과연 이런 직업을 가진 행운아가 몇 명이나 있겠는가?

이처럼 '행하는 것'과 거리가 멀고, 생산한 결과물로 인정받을 수 없는 일들이 우리를 불안하게 만든다. 따라서 지극히 단순한 일이라도 무언가를 행하는 것만으로도 불안감에서 벗어날 수 있다. 결과가 어떻든 상관없이 그저 반죽에 손을 넣는 행위 자체가 자신감을 안겨주기에 충분하다.

여기에는 한 가지 놀라운 사실이 숨어 있다. 우리가 느끼는 불안감이 직간접적으로 죽음에 대한 불안과 연관되어 있다는 사실이다. 그런데 어떤 물질을 만지며 일할 때는 현실을 살아가고 있다는 것을, 즉 살아 있음을 느낀다. 훌륭한 결과물을 만들어냈다면 재능이 있음을 보여줄 수도 있다.

나아가 이 일을 통해 가치를 인정받는다면 죽음에 대한 불안감도 견뎌낼 수 있다. 가치라는 것은 결코 죽어 사라지는 것이 아니기 때문이다. 그러나 아무것도 하지 않는다면, 눈에 보이는 결과물로 인정을 받지 못한다면, 죽음에 대한 불안에 사로잡히고 말 것이다.

아리스토텔레스는 《동물 부분론 Parts of Animals》에서 이렇게 적고 있다. "인간은 가장 똑똑한 존재이기 때문에 손을 사용한 것이 아니라, 손을 사용하기 때문에 가장 똑똑한 존재가 된 것이다. 실제로 가장 똑똑한 존재는 가장 많은 도구들을 사용할 수 있다. 그런데 심지어 손은 하나의 도구가 아니라 여러 도구가 될 수 있지 않은가."

결국 크로포드는 24세기 전에 아리스토텔레스가 발견한 사실을 실행에 옮겼다. 똑똑한 존재가 된다는 것, 그것은 손을 사용한다는 의미다. 두 손을 똑똑하게 사용하는 것이다. 손은 이성의 연장선이다. 이 단순한 문장에는 무한한 뜻이 담겨 있다.

지식이 두 손으로 연장된다면 손을 사용하지 않으면 자신을 의심할 수밖에 없다. 손으로 아무것도 하지 않을수록 우리는 자기 신뢰를 잃어버린다. 호모 파베르(도구를 사용하는 인간)의 본성을 잃어버리는 것이다.

호모 파베르의 본성 깨우기

베르그송이 정의했듯이 인간은 호모 사피엔스(생각하는 사람)보다는 호모 파베르에 더 가깝다. 인간의 조상은 생각하는 존재(사피엔스)라기보다는 도구를 사용하는 존재(파베르)였다. 인간은 지혜를 가진 존재라기보다 도구로 물건을 만드는 존재다.

우리의 지식도 추상적인 것보다는 무언가를 만들어내기 위한 것이다. 우리는 물건을 만들면서 나 자신을 이루어간다. 인류의 역사도 인간의 삶을 변화시킨 도구의 이름에 따라 정의되어 있다. 석기시대, 청동기시대처럼 말이다. 이처럼 인간은 만들고, 다루고, 활동하고, 세상과 마주할 때 마침내 자신의 재능을 기르는 존재다.

우리의 정신적 본성은 물질적인 것에서 드러나는 법이다. 열 손가락을 쓰지 않으면 마치 길을 잃은 것처럼 느껴지는 것도 이 때문이다. 요리나 DIY처럼 손으로 하는 활동들에 관심이 많은 이유이기도 하다.

미국의 제26대 대통령 시어도어 루스벨트는 실행하는 것이 얼마나 가치 있는 일인지 이야기했다.

"중요한 사람은 비평가가 아니며 강한 자가 넘어졌다고 지적하는 자가 아니다. 명성은 실제 무대에 나가 직접 실행하는 자의 것이다. 얼굴이 먼지와 땀과 피로 범벅이 된 사람의 것이며 용감한 기개로 끝까지 버틴 자의 것이다. 번번이 능력이 부족해 실수를 거듭한 자의 것이다. 최고의 희열과 최고의 몰두를 경험한 자, 가치 있는 이유를 위해 자신을 완전히 쏟아부은 자, 최고의 결과가 주는 최고의 승리를 경험한 자의 것이다."

최근 경영 대학 출신의 젊은이나 대기업 중역들이 수공업 분야로 진로를 바꾸는 경우가 적지 않다. 많은 이들이 제빵, 제과, 목공예 관련 자격시험에 도전한다. 서류 가방을 집어던지고 레스토랑을 차리거나, 커리어우먼의 길을 버리고 치즈 전문가가 되는 것은 더 이상 이례적인 일이 아니다.

삶을 완전히 뒤집어엎지 않더라도, 반죽에 손을 넣어보기로 결정하는 것은 자신에게 달렸다. 그림을 그리거나 도예를 배우는 일, 가구를 만들거나 정원을 가꾸는 일, 이 모든 일들은 무언가를 행하는 데서 오는 기쁨, 그것을 잘해 낼 때의 기쁨을 되찾게 해줄 것이다. 손으로 무언가를 하는 일, 이것은 틀림없이 자기 신뢰를 회복해 줄 것이며, 이것을 통해 삶에 대한 자신감을 가질 수 있다.

"그대 자신을 믿어라"는 말은 자신의 능력과 지식을 믿는 것, 자기 안에 아직 드러나지 않은 재능이 있으며 모든 일을 헤쳐 나갈 수 있다고 믿는 것이다. 그것은 자신이 할 수 있는 일을 손수 행했을 때 우러나는 자기 만족감이기도 하다.

"행동의 비밀은
시작하는 것이다."
\- 알랭

제6법칙

자신감은 일단 시작하는 것이다

예측 불가능한 것들까지 즐기는 법

1
한 걸음
내딛는 순간

 심리상담가, 교사, 스포츠 코치, '긍정심리학' 이론가 등 수많은 사람들은 일단 행동함으로써 자신감을 키울 수 있다고 말한다. 자신이 없어서 두 발이 얼어붙었을 때도 일단 한 걸음 내디뎌야 한다. 역설적이지만 일단 용기를 내서 행동에 옮기면 순식간에 자신감이 폭발할 수 있다. 그 한 걸음이 도약대 역할을 해서 무거웠던 짐의 무게를 덜고 높이 날아오를 수 있다.

첫 시도에 성공하는 법

한 남성이 연인과의 하룻밤을 앞두고 떨고 있다. 생애 첫 경험이기 때문이다. 그의 앞에 있는 여성을 보자. 심장이 크게 뛰기 시작했다. 오래전부터 꿈꿔 왔으며 몇 번이고 상상해 왔던 순간이다. 지금이 바로 그때인 것이다. 하지만 그는 경험이 없다. 그럼 어떻게 자신감을 찾을 수 있을까?

일단 행동하는 것이다. 실제로 스킨십과 입맞춤을 하는 데서 자신감을 찾아야 한다. 손끝과 손바닥과 입술로 행동해야 한다. 행동하고 나면 비로소 확신을 가지게 될 것이다. 그 전까지는 자신이 할 수 있을지 알지 못한다.

또한 자신감은 그녀와의 유대감, 그녀와의 관계에서 나오는 법이다. 그가 경험이 많은 척 연기를 한다면 관계에서의 지지대를 찾지 못하고 자기 안에 갇힌 채 모든 것을 잃게 된다. 반대로 이것이 처음임을 고백하고 그녀에게 맡길 수도 있다. 그때는 그녀가 이끌어줌으로써 자신감을 얻을 수 있다. 그녀에 대한 믿음으로 자신감을 회복하는 것이다. 이것이야말로 자신감이 형성되는 과정이다. 자신감은 오로지 행동을 통해 점진적으로 획득할 수 있다.

상대와 자신에 대한 믿음 없이 화려한 기술에만 집착해 첫 경험에 실패하는 연인들이 얼마나 많은가. 서로의 관계를 충분히 신뢰하지 못하고 상대에게 맡기지 못했기 때문이다. 이런 관계에서는 자신에 대한 믿음뿐 아니라 상대에 대한 믿음도 필요하다. 우리는 결코 혼자 살아갈 수 없다. 특히 남녀 관계에서는 더욱 그렇다.

우리는 누군가를 만남으로써 어떤 문제에 대한 해결책을 얻기도 하고, 그 문제가 간단한 일이었다는 것을 깨닫기도 하며, 실제로 어떤 기회를 얻게 되는 경우도 있다. 그러므로 '자신'에 대한 신뢰뿐만 아니라 다른 사람에 대한 신뢰도 가져야 한다.. 다른 사람과 관계를 맺는 일은 오로지 행동을 통해서만 가능하다.

내가 세상을 통제할 수 없다

아리스토텔레스 이후 그리스 로마 철학을 대표하는 스토아학파는 모든 것이 나에게 달려 있는 것은 아니라고 보았다. 마르쿠스 아우렐리우스부터 세네카까지 이어지는 스토아학파의 사상은 이 명제를 기반으로 발전했다. 자신감은 내가 움직일 수 있는 일뿐 아니라 나에게 달려 있지 않은 일까지 해낼 수 있다는 것을 의미한다.

자신감을 가지지 못하는 사람은 모든 것이 나에게 달려 있다고 생각한다. 그러나 자신에게 모든 압력을 가한다면 첫 시도는 실패하고 만다.

많은 운동가, 모험가, 개척자, 기획가들로부터 영감을 얻도록 하자. 이들은 어떤 일을 시작하기 전에 오랫동안 심사숙고하되 자신들의 행동 자체를 신뢰하고 그 행동을 통해 직접적으로든 간접적으로든 현실에 일어날 모든 일을 신뢰한다.

그들은 그 행동이 자신의 세상을 재구성할 힘을 지니고 있으며, 반드시 붙잡아야 할 또 다른 기회를 만들어낼 힘도 지니고 있다는 사실을 잘 알고 있다. 또한 자신에게 달린 일들에 대해서는 최대한 직접 통제하려고 노력하는 반면 자신에게 달려 있지 않으며 방해나 도움이 될 수 있는 다른 일들의 무게 또한 잘 알고 있다.

이들은 준비가 되어 있다. 앞으로의 여정을 최대한 꼼꼼하게 세워두었다고 해도, 최대한 상세하게 적은 사업 계획을 가지고 있다고 해도, 결국 행동 자체가 다양한 변수를 발생시킬 것이라는 사실을 이미 알고 있다.

폭풍우를 피하거나 온화한 날씨를 만끽하기 위해 길을 바꾸어야 할 수도 있다. 처음 출시됐던 제품의 단점들을 보완해 새 제품을 만들어야 할 수도 있다. 한마디로 다른 사람들과 이 세상의 목소리에 여전히 귀를 기울이고 있어야 한다는 것을 알고 있는 것이다. 이것이 바로 진정한 기업가 정신이다. 이는 예측하는 법을 배우고, 예측을 즐기며, 나아가 예측 불가능한 부분마저도 즐길 줄 아는 태도다.

사업가나 모험가들은 모두 자신감으로 똘똘 뭉쳐 있는 것처럼 보인다. 하지만 가까이서 들여다보면 대부분 두려움이나 과거의 실패들을 결코 숨기지 않는다. 그럼에도 그들은 행동하고, 자신의 행동으로 일어날 모든 일들을 받아들인다. 긍정적인 일은 물론 부정적인 일까지도 말이다. 그들은 아우렐리우스처럼 자신에게만 달려 있는 것이 아니라는 사실을 알고 있다. 그리고 그러한 불가피한 숙명에 체념하기보다는 오히려 그것을 받아들인다.

2
행동하면서
생각하라

　자신감에 찬 사람들은 불확실성에 오히려 승부를 걸고, 장밋빛 미래를 가져다줄 수 있을지도 모른다는 기대감으로 새로운 모험을 즐긴다. 용기 있는 자들이 모두 그러하듯, 기회란 만들어지는 것이라는 사실을 알고 있기 때문이다. 패기 있게 첫발을 내딛는 이들은 무엇보다도 행동 그 자체를 신뢰하고 있는 것이다.

성공하는 법이 아닌 시도하는 법

칠레의 여성 소설가 이사벨 아옌데(Isabel Allende)는 50여 개의 문학상을 받은 당대의 가장 유명한 문학가 중 한 명이다. 그러나 그녀도 어린 시절에는 여자는 소설가가 될 수 없다는 편잔을 들으며 자랐다. 심지어 살바도르 아옌데(Salvador Allende) 칠레 대통령의 조카였는데도 그녀는 한낱 여자아이일 뿐이었다.

영감을 얻을 만한 여성 위인조차 없는 남자들의 사회에서 그녀는 마음에 부당함을 품은 채 성장했다. 이후 기자가 된 그녀는 어느 날 칠레의 시인 파블로 네루다(Pablo Neruda)와 인터뷰를 할 기회를 가졌다. 그 자리에서 그녀는 미리 준비했던 질문들을 하지 않는 패기를 보였다. 인터뷰를 그저 자연스러운 흐름에 맡겼던 것이다.

이후 아옌데는 파블로 네루다가 인터뷰를 멈추고 이렇게 말했다고 회고했다.

"이보게, 자네는 늘 거짓말을 하고 말을 꾸며내며 사람들이 하지 않은 말을 한 것처럼 만들고 있군. 언론인으로서는 단점이지만 문학인에게는 강점일세. 젊은이, 차라리 소설을 쓰는 데 매진하는 게 나을 걸세."

이러한 만남이 없었다면 그녀는 결코 훌륭한 소설가가 될 수 없었을지도 모른다. 결국 아옌데는 네루다와 인터뷰를 하면서 소설가가 될 수 있다는 자신감을 얻었다.

무대에 오르기 전 극심한 긴장에 시달리는 배우들도 비슷한 경험을 하곤 한다. 무대에 오르면서 자신감을 가지게 되는 것이다. 이것은 무대에 오르기 전까지는 가지지 못했던 자신감이다. 혹 실패를 경험하거나 원했던 결과를 얻지 못할지라도, 시도 자체를 성공한 것만은 사실이다.

나는 학생들에게서 이러한 모습을 매일같이 발견한다. 시도하지 않으면 자신감은 점점 더 사라지게 마련이다. 이런 학생들에게는 아주 어려운 주제를 주고 즉흥적으로 설명해 보라고 한다. 제대로 설명하지 못하더라도 일단 시도해 보는 것에서 자신감을 회복하는 것이다. 어쨌든 다른 사람의 눈에는 과감하게 도전한 것으로 보이기 때문에 뿌듯함을 느낀다.

반드시 성공해야만 만족하는 것은 아니다. 시도조차 해보지 않고 멈춰 서 있는 이들은 결코 자신감을 키울 수 없다. 앞으로 나아가지 않고 현실과 부딪히지 않으면 무언가를 만날 기회조차 얻을 수 없다. 실행으로 옮기지 못하면 결국 불안감만 더욱 커진다.

행동은 의지보다 앞선다

행동의 미덕을 이해하려면 행동을 생각의 다음 단계로 단순하게 정의해서는 안 된다. 우리는 행동의 가치를 과소평가하곤 한다. 바로 이 부분에서 행동의 힘을 오해하는 것이다. 물론 생각이 행동보다 앞서야 하는 경우도 많다. 하지만 생각에 비해 행동의 가치가 낮은 것처럼 여겨서는 안 된다. 그렇지 않으면 행동이 필요할 때 자신감을 가질 수 없다.

생각이 모든 불안을 잠재우지 못할 때면 불안할 수밖에 없다. 더구나 생각으로는 불안 요소를 완전히 해소할 수 없다. 행동은 신중하게 구상한 계획을 단지 실행에 옮기는 것이 아니다. 행동이란 자신을 신뢰하지 못하는 주체와, 어느 정도 예측할 수는 있지만 완전히 예측할 수 없는 세상과 만나는 일이다.

행동의 진리가 행동에 앞서는 생각 속에 있을 수는 없다. 행동의 진리는 오로지 행동 자체에서만 찾을 수 있다. 철학자 알랭은 "행동의 비밀은 시작하는 것"이라고 말했다.

스스로를 억누르고 용기를 쥐어짜낼 때, 불안한 마음을 누르며 호감 가는 상대에게 말을 걸 때, 긴장감을 이겨내고 많은 사람들 앞에서 목소리를 낼 때, 비로소 자신감을 얻는다는 것을 기억해야 한다. 무언가를 실행에 옮기는 단순한 행위가 투지를 불러일으키는 것이다.

행동의 가치를 알지 못하는 사람들은 의지가 선행되어야 비로소 행동할 수 있다고 말한다. 행동할 의지를 기르기 위한 도구 정도로 과소평가하는 것이다. 하지만 행동은 그 이상이다. 세상과의 만남이기 때문이다. 행동한다는 것은 놀라운 세상과 만날 기회를 가지는 것이다.

본질주의의 관점에서 볼 때 자신을 신뢰한다는 것은 '자아'의 정수를 믿는 것이며 쪼개지지 않는 핵, 확고부동한 자아, 절대적 자아와 같이 내면 깊숙한 곳에 있는 무언가를 믿는다는 것을 의미한다.

그러나 어떤 자아의 정수가 있다거나 우리 안에 본질적이고 불변하는 '존재'가 있다고 볼 수는 없다. 프로이트의 정신분석학과 현대 철학, 신경과학, 긍정심리학이 똑같이 주장하는 한 가지는 정체성이란 복합적이고 다중적이며 변화무쌍하다는 점이다.

자기 신뢰의 부재로 괴로워하는 모든 사람들에게 안심이 되는 말이 아닐 수 없다. 불변하는 그들의 '자아'란 것은 존재하지 않기 때문이다. 또한 이러한 자아가 '존재'하지 않는 만큼 우리는 아무것도 아닌 '존재'가 될 수도 없다. 우리가 가진 자기 신뢰의 위기는 대부분 어린 시절의 트라우마에서 시작되는 경우가 많다. 과소평가되고 공개적으로 모욕감을 느끼며 한낱 보잘것없는 존재인 것처럼 여겨졌던 기억 때문이다.

우리는 존재하지 않는다. 그저 되어가고 있을 뿐이다. 나 자신을 신뢰하지 못하는가? 괜찮다. 앞으로 내가 되어갈 그 모습을 신뢰하자.

사르트르의 실존주의와 자신감

자기 신뢰를 자신의 존재와 본질, 깊은 심연의 자아에 대한 신뢰라고 여긴다면 실존의 아름다움을 놓칠 위험이 있다.

우리의 실존은 격정적이다. 실존은 우리에게 자기 자신을 발견하고 또 발견하며, 튀어 오르고 또 갈라지고, 마침내 새로운 잠재력들을 찾아낼 수 있는 기회를 안겨준다.

실존이 그저 나의 '본질' 안에 존재하는 가능성을 꺼내놓는 역할 밖에 하지 못한다면, '본질'은 '실존'보다 앞설 것이다. 그러나 '실존이 본질에 앞선다'고 한 사르트르의 말은 우리가 무엇보다도 실존하고 있음을 의미한다. 우리는 바로 이 실존을 신뢰해야 한다.

사르트르의 관점에서 볼 때 본질이란 아무것도 더할 수 없는 인류 역사의 마지막 순간이 왔을 때 마침내 생겨날 수 있는 가상의 개념이다. 따라서 이러한 본질을 신뢰할 수는 없다.

실존한다는 것, 그것은 과감히 몸을 던지는 것이며, 다른 사람들과 이 세상을 만나고, 시선을 바꾸면 기회가 될 방해물들을 만나러 나아가는 것이다. 몸을 움직이는 바로 그 순간부터 많은 일들이 일어날 것이다. 직면하고 있는 여러 힘을 이용할 수도 있고, 수많은 사람들을 만나 도움(때로는 의도하지 않은 도움일지라도)을 받을 수 있을 것이다.

세상 앞에 과감히 몸을 던질 수 있고 다른 사람들과 당당하게 행동하기 위해서는 무엇보다 자신감을 가져야 한다. 자신감을 가지려면 자신의 나약함이나 부족함을 두려워하거나 겁내지 말아야 한다. 그리고 외롭다는 생각을 하지 말아야 한다. 주위를 둘러보면 늘 나와 함께 해줄 사람이 있다.

미국의 실존주의 상담가인 롤로 메이Rollo May는 이렇게 말했다.

"오직 당신만이 지니고 있는 그 생각을 표현하지 않는다면, 그리고 존재의 소리에 귀 기울이지 않는다면 그것은 곧 자신을 배신하는 것이다. 나아가 타인이 속한 세상에 기여하지 못함으로써 그곳에 속한 모든 사람조차 배신하는 것이다."

행동은 자아를 실존의 동그라미 속에 초대하고, 자아가 '터져 나올 수 있도록' 해주는 것이다. 사르트르의 유명한 저서 《자아의 초월성La transcendance de l'ego》이 의미하는 바도 바로 이것이다. 자아의 가치는 '초월적'이다. 자아의 가치는 자아의 밖에 존재하고 행동하는 능력, 타인과 관계를 맺는 능력, 그리고 삶의 회오리에 함께할 수 있는 능력 안에서 쓰이거나 얻어질 수 있기 때문이다.

그러므로 나의 행동으로 이루어질 모든 것들을 신뢰하고, 나에게 달려 있거나 달려 있지 않은 일들을 신뢰하라. 나의 행동으로 벌써 변화하기 시작한 현실을 신뢰하고, 나의 행동이 만들어낼 모든 기회를 신뢰하며, 앞으로 만나게 될 사람들을 신뢰하라. 그들은 우리에게 아이디어와 조언과 희망을, 그리고 어쩌면 사랑을 안겨줄지도 모른다.

"쉬운 일을 어려운 일처럼, 어려운 일을 쉬운 일처럼 대하라. 전자는
자신감이 잠들지 않게, 후자는 자신감을 잃지 않기 위함이다."

- 발타자르 그라시안

제7법칙

누군가처럼 되고 싶을 때 자신감이 생긴다

나의 욕망을 깨워줄 사람을 찾아라

1
멈추지 않고
나아가는 힘

조르주 상드가 첫 번째 소설인 《앵디아나Indiana》를 발표했던 1832년, 그녀의 나이는 스물여덟 살이었다. 한 달 반 만에 완성한 이 소설은 발자크Honoré de Balzac와 샤토브리앙François-René de Châteaubriand의 호평을 받았고, 얼마 지나지 않아 빅토르 위고Victor Hugo와 알프레드 드 뮈세Alfred de Musset도 극찬을 쏟아냈다.

본명 오로르 뒤팽Aurore Dupin 대신 조르주 상드라는 필명을 사용했던 그녀의 등단은 그야말로 파문을 일으켰다. 당시 가장 냉정한 비평을 하기로 유명했던 평론가 생트 뵈브^{Charles Augustin Sainte-Beuve} 마저 《앵디아나》 이후 몇 달 만에 발표된 조르주 상드의 두 번째 소설 《발랑틴^{Valentine}》을 읽고 뛰어난 그녀의 재능에 경의를 표하며 그녀를 마담 드 스탈^{Madame de Staël}에 빗대기도 했다.

조르주 상드는 초기 작품부터 열정을 가지고 여성의 권리를 주장하고 여성들에게 '가정생활의 억압'에서 탈피할 것을 촉구했다. 그녀의 야심찬 주장은 소설에서만 드러나는 것이 아니었다. 그녀의 삶 자체가 그것을 보여주고 있다.

열정은 어디에서 나오는가

그녀는 문학 활동에 대한 갈증과 자유에 대한 이상을 충족하기 위해 남편에게 이혼을 요구했다. 당시 어느 하나 부족함이 없었던 젊은 뒤드방 남작과 조르주 상드 사이에는 두 명의 아이도 있었다. 사실 남편에게 특별히 불만이 있는 것은 아니었다. 다만 두 사람 사이에 이렇다 할 공감대가 없었고, 그가 문학에 완전히 문외한이었기 때문이다.

그녀의 이혼 결정이 지니는 의미를 정확히 알기 위해서는 배경을 이해할 필요가 있다. 당시에는 이혼이 법적으로 금지되어 있었으며, 프랑스 노앙 지역에 있었던 가문의 저택을 포함해 상드가 소유하고 있던 재산도 결혼과 함께 전부 남편 뒤드방 남작에게 넘어간 상태였다.

이런 상황에서도 조르주 상드는 끝까지 멈추지 않았다. 그리고 오랜 시간 끝에 마침내 그녀는 이혼했고, 노앙의 저택도 돌려받았다. 이후에 이 집은 수많은 작가, 화가, 정치가 등이 모여 함께 식사를 나누며 생활하는 공간이 되었다. 그사이 그녀는 연인이었던 쥘스 상도와 함께 파리에 머물렀다. 필명으로 쓰는 '상드'도 그의 성을 본뜬 것이었다. 그 후 상드는 여러 나라를 여행하며 많은 남성들을 만났다.

그녀는 당대 최고의 천재 예술가들인 뮈세, 쇼팽Frédéric Chopin(두 사람은 9년간 동거했다), 알렉상드르 망소Alexandre Manceau, 프로스페르 메리메Prosper Merimée와 연애를 했고, 어쩌면 동성 연인이 있었는지도 모른다. 다만 경제적인 부분을 스스로 책임졌고, 연인이라 하더라도 도움을 받지 않았다. 오늘날의 페미니즘에 기여한 그녀는 '여류 작가'라는 타이틀을 거부하고 오로지 작품을 통해 평가받고자 했다.

정치적인 측면에서도 그녀는 일관된 패기를 보여줬다. 사회적이고 정치적인 참여 소설을 발표하고, 인상적인 여주인공들을 내

세운 '페미니즘' 소설들도 썼다. 기존의 문학 장르를 새롭게 바꾸었다는 점에서 그녀의 자신감을 엿볼 수 있다. 사회운동가이기도 했던 그녀는 독립 잡지를 발간해 자기 목소리를 냈다.

조르주 상드는 엄마로서의 역할도 완벽하게 해냈다. 그녀는 아이들의 행복을 위해 열정을 쏟았다. 결국 상드는 문학에 대한 애정과 자유에 대한 열정 모두를 발휘할 수 있었다.

이토록 자신감이 넘치는 삶을 산 그녀는 멈추지 않고 '전진'하는 능력, 쉴 새 없이 도전하고 창조하는 능력을 보여준다. 그렇다면 이런 자신감은 도대체 어디서 나오는 걸까?

넘치는 자신감과 패기의 비밀

조르주 상드는 어린 시절 무척 혼란한 삶을 경험했다. 그녀가 겨우 네 살일 때 아버지가 사고로 세상을 떠났고, 이후 할머니와 문맹이나 다름없던 어머니 사이에서 양육권 다툼이 벌어졌다. 결국 이 다툼은 할머니의 승리로 끝났다. 무일푼에 배운 것 하나 없는 젊은 과부보다 계몽주의 정신을 갖춘 부유하고 지적인 할머니가 더 적합하다고 여겨졌기 때문이다.

네 살의 조르주 상드는 아버지와 어머니 모두를 떠나보내며 이

별의 고통을 겪어야 했다. 어머니는 그녀를 포기한 대신 매달 돈을 받았으니, 할머니에게 팔려간 것이나 다를 바 없었다. 어린 그녀의 삶에서 자신감을 심어줄 요소는 아무것도 없었다. 물론 그녀는 교양 있는 할머니 아래서 성장했고, 인문주의자인 가정교사의 가르침을 받았다.

또한 그녀가 사는 저택이 노앙의 숲 한복판에 있었던 덕분에 말을 타고 다니며 자연과의 진정한 교감을 나눌 수도 있었다. 이러한 배경이 그녀의 성장 과정을 설명해 주기는 하지만, 그녀가 어떻게 그토록 자유롭고 대담한 여성이 될 수 있었는지, 그토록 넘치는 자신감과 패기를 품고 세상에 나아갈 수 있는지 설명하기에는 충분하지 않다.

2
나답게
사는 법

　오로르 뒤팽이 조르주 상드가 될 수 있었던 것은 평생 동안 단 하나뿐인 삶을 산 인물들을, 자기답게 사는 용기를 보여준 인물들을 존경했기 때문이라고 고백했다. 본보기가 되는 영향력 있는 사람들 속에서 자신의 의견을 단호하게 주장할 수 있는 힘을 얻을 수 있었던 것이다.

　다른 사람들의 재능을 보고 품었던 열망 덕분에 그녀는 자신의 재능을 발휘할 수 있었다. 실제로 조르주 상드의 삶을 보면 다른 사람에 대한 존경심이 자신에게 날개를 달아줬다는 사실을 증명해 준다.

존경하는 사람이 필요한 이유

조르주 상드는 어릴 적 증조모를 몹시 존경했다. 사실 그녀의 증조모 루이즈 뒤팽Louise Dupin은 18세기 사교계를 주름잡았던 인물이었다. 그녀는 항상 할머니에게 증조모에 대한 이야기를 해달라고 졸랐고, 그녀와 관련된 글들을 모두 찾아 읽었다.

루이즈 뒤팽은 계몽주의 시대의 대표적인 문학 살롱을 운영하면서 '슈농소 성의 페미니스트'로 불리곤 했다. 장 자크 루소Jean Jacques Rousseu가 흠모하는 여인이자 막역한 사이이기도 했던 그녀는 자유로운 사고와 문학과 철학에 대한 열정으로 당대를 환히 밝히는 역할을 했다.

루소는 그녀가 직접 쓴 에세이를 출판했다면 이념의 역사에 큰 획을 그었을 거라고 말했다. "정신은 고민을 하고 마음은 결론을 내린다"는 뒤팽의 말은 자신감과 결정의 기술을 잘 정의하는 말이기도 하다. 그런 그녀를 존경하며 자란 조르주 상드는 자신의 살롱에 위대한 계몽주의자들을 불러들였던, 시대를 앞서간 지식인에 대한 존경심을 키웠다.

청년이 된 조르주 상드는 낭만적이고 열정적이면서도 섬세한 연기로 고전연극계에 변혁을 일으키던 여배우 마리 도르발^{Marie Dorval}을 존경했다. 실제로 상드는 그녀에게 편지를 보내 존경심을 표현했는데, 너무 열정적이어서 두 사람이 연인 사이였다는 추측이 나올 정도였다.

조르주 상드가 마리 도르발을 존경했던 이유는 증조모를 존경했던 이유와 비슷했다. 자유로움, 대담함, 전통에 대한 거부, 페미니즘에 참여, 넘쳐나는 지식과 감성 등이 그 이유였다.

세월이 지나 소설가가 된 상드는 귀스타브 플로베르^{Gustave Flaubert}를 존경하며 편지를 주고받기 시작했고, 플로베르도 노앙의 저택을 두 차례 방문했다. 그녀는 플로베르가 쓴 《보바리 부인^{Madame Bovary}》에서 그의 천재성을, 《살람보^{Salammbô}》에서는 감동을 불러일으키는 힘을 발견했다.

그러나 그중에서도 그녀가 가장 존경했으며 진정한 정신적 스승은 사회주의 철학자인 피에르 르루였다. 그는 기독교적 자선이 현실 사회에서도 승리를 거둘 것이라는 '종교적 사회주의'를 주창한 이론가로, 이상주의적이면서도 실제적인 인본주의를 구현한 인물이었다.

피에르 르루는 남녀평등을 지지할 뿐 아니라 여성의 투표권을 주장했던 인물이고, 결혼제도에 대해 매우 회의적인 태도를 보이는 한편 비폭력주의를 주장하기도 했다.

조르주 상드가 존경했던 대상은 여기서 끝나지 않을 것이다. 그들은 자유로운 여성이거나 기존의 장르를 바꿔놓은 문학 작가이거나 사회에 참여했던 사상가들이었다. 결국 자기 자신답게 자신만의 방식으로 자신만의 길을 나아가는 모든 사람들을 그녀는 존경했던 것이다.

그녀는 자기답게 사는 데 성공한 사람들의 모험에 대해 깊은 호기심을 가지며 존경했다. 다른 사람의 재능을 보면서 자신의 잠재력을 끌어냈던 것이다.

3
나만의 길을 찾아내는 법

 존경은 숭배가 아니다. 존경은 그저 다른 사람의 재능을 지켜보기만 하는 것이 아니다. 존경은 자신을 풍요롭게 하는 것이다. 존경은 자신의 별을 찾아 담대하게 나아갔던 사람들을 따라 나 또한 나의 별을 찾아가는 것이다. 그들은 무엇을 알려주는가. 바로 나답게 살 수 있다는 사실이다.

 우리는 이러한 사실을 의심한다. 게다가 의심할 만한 이유가 너무도 많다. 관례와 규범과 절차 앞에 서면 순응하게 된다. 물론 파란을 일으키지 않고 정해진 규범에서 벗어나지 않는 것이 훨씬 더 쉬운 법이다.

프로이트는 이 사실을 《문명 속의 불쾌감 Das Unbehagen in der Kultur》을 통해 또렷하게 드러냈다. 각 개인이 자신만의 특성을 포기할 때 사회가 성립된다는 것이다. 사회가 존재하려면 먼저 규범이 존재해야 한다. 바로 여기서 '불쾌감'이 발생한다.

이러한 상황에서 과연 나답게 살 수 있을지 의심하게 된다. 그런 의심이 솟아날 때 우리에게 필요한 것은 나만의 길을 찾아낼 수 있다는 사실을 본보기를 통해 증명해 보이는 것뿐이다. 존경의 대상으로 삼을 만한 본보기들은 항상 백 마디 말보다 더 효과적이다. 그들에게도 가능했던 일은 나에게도 가능할 수 있다고 말해주기 때문이다.

가능성을 증명해 나가는 사람들

조르주 상드는 '슈농소 성의 페미니스트'였던 증조모를 보면서 여성 문인이 남성들의 사회에 큰 영향을 미칠 수 있다는 사실을 배웠다. 그것이 가능하다는 사실을 깨달았던 것이다. 플로베르를 통해 작가란 독자를 잃을 위험을 감수하더라도 자신의 길을 나아갈 수 있다는 것을, 언제나 새로운 모습으로 변신할 수도 있다는 것을 배웠다.

어느 날 그 사실이 의심스럽거나 기존의 방식을 따르고 싶어질 때는 플로베르에 대한 존경심을 다시 불러일으키는 것만으로도 두려움을 쫓아낼 수 있었다.

존경과 존중은 다른 것이다. 모든 사람들은 존중받아 마땅하지만, 대담하게 자기다운 삶을 살았던 사람만 존경할 수 있다. 또한 그들의 유일무이함을 존경하는 것이므로 그것을 모방할 수는 없다. 흉내 낼 수 없기에 존경하는 것이며, 모방할 수 없기에 우리에게 영감을 준다.

조르주 상드는 결코 플로베르를 모방하지 않았다. 같은 문체나 같은 주제를 사용하지도 않았고, 같은 집념을 보여주지도 않았다. 그럼에도 플로베르에 대한 존경심은 그녀를 최고의 작가로 만들었다. 그녀는 플로베르가 플로베르답게 될 수 있었던 방법에서 영감을 받아 마침내 조르주 상드답게 될 수 있었던 것이다.

조르주 상드는 메리메, 들라크루아Eugène Delacroix, 심지어는 나폴레옹 왕자Prince Napoléon 등이 모두 출입할 수 있도록 노앙의 저택 문을 열었지만 결코 슈농소 성에서 살롱을 열었던 증조모를 모방하지는 않았다. 따라 한 것이 아니라 증조모로부터 양분을 얻은 것이었다. 상드는 뒤팽 부인이 뒤팽 부인답게 될 수 있었던 방법에서 영감을 받아 마침내 조르주 상드답게 될 수 있었다.

너다운 사람이 돼라

니체는 위대한 본보기가 위대한 이유는 똑같이 모방할 수 없기 때문이라고 말했다. 위대한 인물은 자신을 존경하는 사람들에게 위대한 꿈을 안겨준다. 이처럼 본보기란 한 사람의 유일무이함과 다른 사람의 유일무이함 사이에 놓인 다리와도 같다. 나폴레옹은 고대 그리스의 알렉산드로스 대왕에게 많은 영감을 얻었다. 하지만 알렉산드로스 대왕을 흉내 낼 수 없었던 나폴레옹은 마침내 나폴레옹다운 전적을 남겼다.

마찬가지로 예술가로서 최고의 걸작을 남기겠다는 열망은 과거의 위대한 예술가들은 모방할 수 없는 존재라는 사실을 인정하는 데서 시작된다. 조르주 상드도 마리 도르발, 플로베르, 피에르 르루 등은 모방할 수 없는 존재라는 사실을 깨달았고, 자기만의 별에 더욱 가까워질 수 있었다.

니체는 차라투스트라의 입을 빌려 "너다운 사람이 돼라"고 말했다. 그러나 나다운 사람이 되기 위해서는 먼저 자신답게 살았던 사람을 존경하고, 또 존경하고, 더욱 존경해야 한다. 한 명만이 아닌 그렇게 살아간 수많은 사람들을 존경해야 한다. 그러면 그들 모두가 양분을 주어 앞으로 나아갈 수 있게 해줄 것이다.

누군가를 존경할 때마다 그들이 가진 유일무이한 별의 광채를 바라보게 될 것이며, 그때마다 내 안의 별이 품고 있는 광채를 볼 수 있다.

니체도 많은 인물들을 존경했다. 쇼펜하우어와 같은 철학자뿐만 아니라 바그너, 프란츠 리스트 등의 음악가들도 존경했다. 피카소는 벨라스케즈, 고야, 마네에 대해 존경을 아끼지 않았다. 마돈나는 데이비드 보위, 타마라 드 렘피카, 프리다 칼로를 존경했으며, 필립 지앙은 헨리 밀러, 리처드 브라우티건, 레이먼드 카버가 자신의 스승이라고 말하기도 했다. 야니크 노아는 자신의 아버지와 아서 애시, 마이크 타이슨에 대해 존경을 표했다.

누군가를 본받는다는 것, 그것은 앞으로 도약한다는 것을 의미한다. 그리고 누군가를 존경한다는 것, 그것은 더 나은 자신이 되기 위해 자신으로부터 벗어난다는 것을 의미한다.

오늘날의 우리는 더 이상 누군가를 존경하지 않고 있다. 이제는 소셜 네트워크[SNS] 상의 '화제 인물'이나 인기 있는 글귀만이 관심을 받고 있다. 과거에는 오랜 세월에 걸쳐 자신의 재능을 개발하고 유일무이한 길을 가는 인물들에게만 주어지던 명성도 이제는 그들에게 넘겨졌다.

  하지만 아무리 현대사회가 누군가를 충분히 존경할 수 없는 소셜 네트워크의 시대라고 해도 자신이 믿고 따를 만한 멘토 하나쯤은 있게 마련이다. 시대는 새로운 인물을 필요로 하고, 동시대를 살아가는 사람들은 자신만의 필요에 의해 존경하는 사람을 만들어낸다. 그 인물이 세상에서 가장 맛있는 음식을 만드는 유명 셰프이든, 나만의 풍부한 인문교양을 쌓게 해주는 역사학자이든 존경하는 인물은 결국 내 삶의 주인이 되는 데 지대한 영향을 줄 수 있을 것이다.

"비판받을 만한 유일한 것은
욕망을 양보하는 일이다."

_ 자크 라캉

제8법칙

남과
비교하지
마라

오직 나의 욕망에
충실하며 살아가는 법

1
그 무엇과도
비교할 수 없는 '나'

오늘날 우리는 타인과 스스로를 비교할 기회가 너무나 많다. 하지만 이것은 자신감을 가지는 데 가장 치명적인 독이나 다름없다. 페이스북과 인스타그램을 들여다보면 겉으로 보기에 나보다 더욱 멋지고 부유하며 교양 있고 사교적인 데다 부지런하기까지 한 사람들이 넘쳐난다. 세상에는 나보다 잘난 사람들밖에 없는 것 같다.

부모님 세대는 타인과 자신을 비교할 상황이 많지 않았다. 이렇게 쉽게 자신을 상처 줄 수 없었던 것이다. 지금처럼 소파에 몸을 묻고 행복과 성공으로 가득한 다른 사람들의 모습을 엿볼 수 없었기 때문이다. 그때는 고작해야 가까운 사람들과 나를 비교하는 것이 전부였다. 전혀 모르는 사람들이 어떻게 살아가는지 알 수 없었고, 스타들의 일상을 들여다볼 수도 없었다. 고작해야 내 주변의 사람들과 비교하는 것이 전부였다.

그러나 지금은 다른 사회에 속한 사람들은 물론 지구 정반대편에 있는 사람들과도 비교하며 <u>스스로를 평가하고 있다</u>. 이는 절망감을 만들어내는 마르지 않는 샘이나 다름없다.

게다가 더욱 최악인 것은 연출된 모습, 그러니까 거짓일 수 있는 타인의 모습을 나와 비교하는 것이다. 결국 나 자신이 항상 패자가 될 수밖에 없다. 이러한 비교는 이렇다 할 개선책은 알려주지 않은 채 우리가 잘나지 않았다는 생각만을 주입한다. 교훈 없이 상처만을 안겨주는 것이다.

나를 평가하는 모든 것들

SNS에 보여지는 타인과 나를 비교하는 명확하고 객관적인 기준은 없다. 그저 나의 지금 모습을 다른 사람들의 모습과 비교할 뿐이다. 인스타그램이나 페이스북에 게시되는 삶은 손질과 보정을 거쳐 선별된 것이라는 사실을 잘 알고 있는데도 지금의 내 현실과 비교하지 않을 수가 없다. 이것은 대부분 스스로를 향한 비수가 되고, 자기애에도 상처를 입히게 마련이다.

수많은 팔로어들을 거느리고 꿈같은 삶을 쉴 새 없이 보여주는 '잇걸'들의 현실(실상은 그렇게 부러워할 만한 것이 아니며, 그중에는 자살 위기를 겪는 사람들도 있다)을 아무리 잘 알고 있다 하더라도 우리 눈에 보이는 이미지들을 믿지 않을 수 없는 것이다. 패션 잡지 속 모델들을 볼 때도 마찬가지다. 편집된 사진이라는 것을 알고 있지만, 불완전한 나의 외모와 비교하지 않을 수가 없다.

우리는 수많은 이미지의 폭격을 맞고 있다. 그리고 이 이미지들은 내가 다른 사람들보다 여행도 자주 못 다니고, 돈도 못 벌고, 예쁜 곳에도 못 가고, 잘나가는 친구들도 없다고, 말하자면 그들에 비해 뒤처지는 삶을 살고 있다고 끊임없이 속삭인다.

물론 이것 또한 이미지에 지나지 않는다는 것을 안다. 하지만 진실의 일부분에 지나지 않는 모습일지라도 매일 보고 있노라면, 단 한순간의 근심이나 금방 지나갈 힘든 일이 찾아왔을 때 곧바로 그 이미지들에 압도당하고 만다.

타인과 비교하게 되는 치명적인 독은 자신감 부족의 원인이기도 한 어린 시절의 상처를 되살아나게 할 수 있을 만큼 해롭다. 형

제자매보다 부모의 인정을 받지 못했다는 느낌, 다른 사람이 좋아졌다는 연인에게 실연당한 일, 학교 성적이 하위권일 때의 수치심과 같은 감정을 불러일으킨다.

다른 사람과 비교함으로써 자신을 평가할 수 있다는 생각을 주입하고, 스스로 발전해 나가기보다 다른 사람을 추월할 때의 만족감이 더 크다는 생각이 들게 한다.

유일무이한 존재를 믿는 것

비교하는 것만으로도 나라는 존재에 대한 믿음이 사라지게 된다. 우리 모두 유일무이한 존재다. 우리는 다른 사람과 비교할 수 없는 절대적인 가치를 지닌 존재다. 우리는 나다워질 수 있는 유일한 존재다. 세상에 단 하나뿐인 다이아몬드와도 같다. 사회적인 성과를 비교할 수는 있지만, 세상에 오직 하나밖에 없는 다이아몬드의 광채는 본질적으로 다른 것과 비교할 수 없다.

비교하려면 반드시 비슷한 두 가지가 있어야 한다. 그러나 인간은 유일무이한 존재이므로 그 무엇과도 비슷하지 않다. 다시 말하자면 두 개인을 비교한다는 것은 아무런 의미가 없다.

자신의 유일무이함을 받아들인다는 것은 자신에게 생명을 불어

넣고 열매 맺게 하는 것이다. 다른 사람과 나를 비교한다는 것은 두 가지 면에서 어불성설이다. 먼저 우리 모두는 똑같이 신성한 존재이고, 생명을 불어넣는 방식은 저마다 다르기 때문이다.

니체는 맹렬한 무신론자였는데도 단독성에 대한 철학을 전개하는 데 있어서는 에머슨에게 많은 영감을 받았다. 여기서 니체는 사람들을 두 종류로 나눴다.

먼저 불완전한 존재로 사는 사람들은 지배적인 도덕이나 규범의 노예로 살아가면서 끊임없이 다른 사람들과 자신을 비교한다. 이들은 항상 가장 나은 것, 가장 적합한 것을 따르려고 한다.

반면 대담하고 진정한 삶을 사는 사람들은 자신이 유일무이한 존재라는 것을 명확하게 알고, 자신의 가장 강렬한 욕망을 표현할 줄 안다. 이들은 항상 스스로를 직접 평가하기 때문에 굳이 다른 사람과 비교하지 않는다. 평가 기준으로 삼는 것은 늘 어제, 일주일, 한 달, 또는 1년 전의 자기 모습이다. 조금이나마 발전을 이뤘는가? 유일무이한 나의 별로부터 멀어졌는가, 아님 가까워졌는가? 조금이라도 더 나다워졌는가? 이런 질문들만이 중요한다.

아주 조금이라도 발전했다고 느낀다면 자신감이 생길 것이다. 이렇게 자신감이 자리를 잡으면 다른 사람과 비교하면서 쉽게 상처 입지 않는다.

2
욕망은
나의 것

 니체의 초인Übermensch은 잘못 해석되는 경우가 많다. 초인은 결코 다른 사람과의 관계가 아닌, 자신과의 관계를 통해 정의된다. 자신에게 더욱 가까워지려고 할 뿐 다른 사람을 뛰어넘으려고 하지 않는다.

 초인은 존재에 필요한 힘을 키워줄 수 있는 모든 일에 열정적으로 임한다. 초인은 다른 사람의 힘을 감소시켜 자신의 힘을 증가하려고 하지 않는다. 오로지 삶에 대해, 자신의 삶에 대해 '예'라고 말할 힘이 있는 순간과 그 강도만을 비교할 뿐이다.

'예'의 힘이 강해질수록 그는 기쁨에 휩싸인다. 니체는 초인이 우리 각자의 안에 존재하는 가능성이라고 강조했다. 어떤 예술이나 행동에 열중할 때, 재능을 단련할 때, 나에게 딱 맞는 인생의 길을 찾은 듯한 기분이 들 때, 바로 그럴 때 내 안의 초인을 느끼게 된다. 자신의 힘을 키우며 기쁨을 느낀다면 타인과 비교하지 않게 될 것이다.

스피노자는 기쁨이란 "덜 완벽한 상태에서 더 완벽한 상태로 가는 여정"이라고 말했다. 우리는 이러한 기쁨을 매일 경험하고 있으며, 특히 아이들의 모습에서도 발견한다. '성장'의 기쁨이 우리를 가득 채울 때면, 이 기쁨은 질투라는 바이러스에 대한 백신이 되어줄 뿐만 아니라 슬픔으로부터 보호한다.

열정이 우리에게 힘을 주는 것이다. 반면 스피노자의 말처럼 슬픔은 "더 나은 상태에서 덜 완벽한 상태로 가는 여정"이다. 자신의 힘이 줄어드는 바로 그때, 우리에게는 남들과 비교하고 싶은 유혹에 빠진다.

이러한 유혹을 이겨내고 시기와 질투의 공격을 피하기 위해서는 먼저 자신을 잘 알아야 한다.

내가 무엇을 원하는지, 어디에 있는지, 어디로 가는지 알면 나와 다른 사람을 비교하지 않을 것이다. 나와 다른 출발점에서 시작해 다른 목적지로 가는 사람들과 경쟁하지도 않을 것이다.

반대로 자신에 대해 알지 못하면, 내 욕망이 무엇인지 알지 못한다면, 다른 사람들의 욕망이 고스란히 내 것이 되어버린다. 그러면 끝없이 펼쳐지는 경쟁의 무대에 올라 허우적대고 질투에 잠식당한다.

상처받지 않는 법

나다운 일, 내게 지적 만족을 안겨주는 일, 비록 많은 돈을 벌지는 못해도 삶의 질을 높여주는 일을 원한다면 나보다 돈을 많이 버는 사람들을 부러워할 이유가 없지 않겠는가? 내가 좋아하는 상대와 더 긴밀한 관계를 맺고자 한다면 인기 많은 친구를 부러워할 이유도 없지 않겠는가?

물론 우리는 끊임없이 다른 사람과 자신을 비교한다. 다른 사람과 더불어 살아가다 보면 어쩔 수 없는 일이다. 그러나 자신의 욕망에 충실하면 비교하면서 괴로워하지 않는다. 나 자신을 진정으로 상처 줄 수 없게 되기 때문이다.

자크 라캉은 《정신분석의 윤리 L'éthique de la psychanalyse》에서 "비판

받을 만한 유일한 것은 욕망을 양보하는 일이다"라고 말했다. '욕망을 양보'하지 않고 자신에게 충실하는 것, 내 삶에 스스로가 중심이 되어 나답게 존재하고 나답게 살아가는 것이다. 반면 자신의 욕망에 충실하지 않을 때 자신으로부터, 그리고 자신을 위해 정말 중요한 것들로부터 단절된다. 자신으로부터 단절된 채 이리저리 부유하는 동안 다른 사람과 나를 더 많이 비교하고 질투하게 된다. 이런 상황에서 어떻게 자신감을 가질 수 있겠는가. 결국 자신의 욕망에 충실하는 것이야말로 다른 사람과 비교함으로써 상처받지 않는 방법이다.

우울증은 이처럼 자기 욕망에 대해 충실하지 않아서 생기는 것이다. 많은 사람들이 지금도 자기 안에 왜 불만이 생겨나는지 알지 못한 채 상담실 의자에 몸을 누인다. '객관적'인 이유도 없어 보인다. 초상을 치렀거나 이혼을 겪은 것도 아니고, 직장에서 문제도 없을뿐더러 심지어 성공 가도를 달리고 있는 이들도 있다.

그러나 그들은 무언가를 양보해 왔다. 바로 자신의 욕망이다. 자기 자신에게 충실하지 못했던 것이다. 이런 경우 우울증은 오히려 자신이 숨기고 싶었던 것을 드러내는 역할을 한다. 또한 의욕보다는 욕망을 따라가게 해주고, 타인에게 인정받는 것에서 벗어나 자신을 알아가는 법을 다시 배울 수 있다. 자신이 진정으로 추

구하는 것이 무엇인지를 찾아낼 수 있다.

자신이 가장 갈망하는 것

자신의 욕망에 충실했기에 행복을 찾을 수 있었던 인물이 그리스 신화의 오디세우스다. 그는 고향으로 돌아가는 긴 여행에서 때로는 유혹에 넘어가기도 했지만, 그의 발걸음을 완전히 붙잡지는 못했다. 오디세우스는 특히 자기 자신을 잘 알고 있다. 그가 바다를 건널 때 동료들에게 자신의 몸을 돛에 묶어달라고 했던 것도 이 때문이었다. 그는 자신이 세이렌의 유혹에 넘어갈 수도 있다는 것을 잘 알고 있었다.

오디세우스는 자신이 호기심도 많을뿐더러 뼛속까지 모험가라는 사실을 잘 알고 있었다. 그럼에도 아내와 아들과 재회하기를, 고향인 이타카로 돌아가기를 가장 바랐다. 트로이에서 이타카까지 실로 긴 여정이었다. 수많은 섬들을 지나고 아름다운 요정과 교활한 괴물들이 가득한 바다를 지나가야 한다.

오디세우스가 자신이 가장 갈망하는 것이 무엇인지 정확히 알지 못했다면 칼립소가 약속한 영원한 생명을 선택했을지도 모른다. 또한 위험이 닥쳤을 때 두려워 떨며 결코 이겨낼 수 없을 거라고 생각했을 것이다. 하지만 오디세우스를 지탱하는 무언가가 있었다. 그는 자신이 누구인지, 자신의 욕망이 무엇인지를 잘 알고 있었던 것이다.

오디세우스는 자신의 욕망을 신뢰했기 때문에 자신감을 가질 수 있었다. 자신을 충분히 알았기에 그토록 많은 유혹을 뿜어내는 수많은 별들 중에서도 가장 밝은 별이 무엇인지, 자신을 위해 빛나는 그 별이 무엇인지를 알 수 있었던 것이다.

"어린아이가 웃음을 터뜨리는 모습을 본 사람은
삶의 전부를 본 것이나 다름없다."

_ 크리스티앙 보뱅

제9법칙

자신감은
가능성을
믿는 것이다

모든 좋은 것들이
앞날에 펼쳐져 있다고 믿는 법

1
안전지대 밖으로
한 걸음 내딛는 것

    삶을 신뢰한다는 것은 나의 삶에서 좋은 무언가가 있다고 믿는 것이다. 삶이 버거울 때도 계속해서 삶을 사랑하는 것이다. 완벽한 삶만이 살아갈 가치가 있는 것은 아니라고 생각하는 것이다.

    삶을 신뢰한다는 것은 삶이란 꽤 좋은 것이라고 생각하는 것이다. 때때로 힘들고 지칠 때도 온화한 불빛 같은 무언가가 있다고 믿는 것이다. 그러한 불빛이 어디서 흘러나오는지 알 필요는 없다. 우리는 삶을 신뢰할 때 무엇을 신뢰하고 있는지 알지 못한다.

특정한 대상 없이 그저 신뢰할 뿐이다.

긍정적인 운명을 믿어라

수많은 시련 속에서도, 온갖 난관 앞에서도, 너무도 어두운 밤하늘 아래서도, 온화한 불빛을 믿는다면 몸을 녹일 수 있을 것이다. 삶을 신뢰한다는 것은 비록 희미할지라도 불빛을 신뢰하는 것이다. 우리가 그 빛을 신뢰할 수 있는 이유는 우리가 살아 있는 한 꺼지지 않는 빛이기 때문이다.

그 빛을 믿을 때 우리는 작은 환멸에 낙심하지 않고, 실망스러운 삶일지라도 의지를 잃지 않을 수 있다. 그 빛을 믿을 때 우리는 자신의 실력을 믿고 기꺼이 안전지대 밖으로 나아가는 모험을 감행할 것이다. 자신의 실력을 통해, 그리고 다른 사람에 대한 믿음을 통해 자기 신뢰를 얻으면 삶의 가능성을 만나게 될 것이다.

스토아학파나 에피쿠로스학파와 같은 고대 그리스의 현인들이 말하는 '삶'의 의미는 예수와 기독교인들이 말하는 '삶'과는 다르다. 생명의 철학자인 베르그송이나 에티 힐레숨 Etty Hillesum 과 같은 신앙인이 말하는 '삶'도 다르다. 산다는 것은 무엇보다도 이 세상에 존재하는 것이라고 보았던 후설이나 메를로 퐁티와 같은 철학자들에게도 '삶'은 또 다른 의미를 지닌다.

우리는 제각각 정의한 삶의 의미 중에서 오직 감각에만 의존해 어느 한쪽을 따르곤 한다. 하지만 이 모든 삶의 의미가 결국은 자기 신뢰에 대한 것이다. 자신에 대한 신뢰란 어떤 방식으로든 삶에 대한 신뢰가 되기 때문이다.

스토아학파는 삶이 좋은 이유는 우주의 힘이 관통하고 있기 때문이라고 보았다. 스토아학파에 따르면 우주란 이성적이고 신성한 닫힌 세계이고, 우리는 그 우주를 중심으로 살아가고 있다. 우리가 무엇을 하든 운명의 흐름을 가로막을 수는 없다. 운명의 방향과 일치하는 행동을 한다면 승리할 수 있을 것이다. 반대로 우리의 행동이 운명과 대치하면 이 세상을 지배하고 있는 어떤 힘에 의해 결국 패배하고 말 것이다.

스토아학파의 관점에서 볼 때 우주는 온화한 존재라고 할 수 있다. 우리를 이끌어가거나 가르침을 안겨주기 때문이다. 그런데도 어떻게 삶을 신뢰하지 않을 수 있겠는가? 우리는 조화로운 우주 속에 살고 있으며, 우리의 모든 행동은 이 조화로움과 연결되어 있다. 스토아학파에게 삶을 신뢰한다는 것은 결국 운명에 대한 신뢰다.

에피쿠로스학파도 삶은 본질적으로 좋은 것이라고 보았다. 그러나 그 이유는 스토아학파와 정반대다. 철학자이자 물리학자인 에피쿠로스와 루크레티우스는 모든 일은 우연히 일어난다고 여겼다. 현실은 우연히 충돌한 원자라는 입자들로 이루어져 있다는 것이다. 지금 존재하는 것들은 사실은 존재하지 않았을 수도 있었던 것들이다. 여기에는 우리의 몸, 우리가 마시는 물, 세상의 아름다움 등 모든 것이 포함된다. 어떤 존재도 반드시 존재해야 할 이유는 없는 셈이다.

따라서 존재한다는 것 자체가 환영해야 할 기적이다. 이 기적은 사물들의 존재뿐만 아니라 나라는 개인의 존재에도 해당한다. 나 역시 존재하지 않았을 수도 있었던 것인데 지금 이렇게 존재하고 있지 않은가!

에피쿠로스학파에게 삶을 신뢰한다는 것은 우연을, 무한한 가능성을 믿는 것이다. 입자들은 끝없이 조합되고 또다시 조합되어 사람의 몸과 사물들을 구성한다. 내가 무(無)의 상태에서 반드시 벗어나야 했던 것도 아닌데, 삶이 나에게 존재할 기회를 준 셈이다. 그런데 어떻게 삶을 신뢰하지 않을 수 있겠는가?

이러한 견해는 모든 일을 상대적으로 바라보게 한다. 살아 있다는 단순한 사실이 이루어낸 승리를 생각해 보면 혹시 모를 실패에 대한 걱정은 사그라진다. 게다가 우리 몸을 이루고 있는 입자들은 영원불멸하다.

누구나 언젠가는 죽음을 맞이하겠지만, 우리 신체를 이루고 있던 입자들은 다시 조합되어 또 다른 신체를 만들어낼 것이다. 이 입자들은 결코 쉬지 않고 계속해서 우연과 삶이 이루는 향연을 펼칠 것이다.

최초의 고대 원자론자들의 이러한 주장은 오늘날 현대 우주물리학자들에 의해 확인되고 있다. 실제로 우리가 빅뱅과 함께 생겨난 별, 전자, 중성자의 먼지들로 이루어져 있다는 것이다. 이로써 우리는 계속 살아남게 된다. 이처럼 삶이란 우리 자신보다 훨씬 더 큰 존재다. 그 삶은 130억 년 전에 시작되었고 우리가 살아 있는 한 멈추지 않을 것이다.

기독교인들에게 삶이란 우리 자신보다 훨씬 더 큰 존재다. 또한 신이 우리가 삶을 살기를 바랐으므로 삶은 좋은 것일 수밖에 없다. 예수는 이미 모든 것이 여기에 있으니 믿으라고 말한다. 사랑도 천국에서만 찾을 것이 아니라 우리 마음 깊숙한 곳에서 찾을 수 있다. 이러한 신뢰는 단순한 기대보다 더 나은 것이다. 믿는 것만으로도 신의 나라가 이곳에 임할 수 있기 때문이다. 신뢰confiance와 신앙foi이 같은 라틴어 어원fides에서 나온 것처럼, 그들에게는 바로 이 믿음이 신뢰의 힘이 된다.

자신감은 곧 세상에 대한 믿음이다

크리스티앙 보뱅은 《고갈 L'épuisement》에서 "어린아이가 웃음을 터뜨리는 모습을 본 사람은 삶의 전부를 본 것이나 다름없다"라고 적었다. 그는 시를 통해 가장 단순한 것에도 신의 뜻이 담겨 있다는 것을 느꼈다. 이를테면 어린아이의 웃음, 얼굴에 팬 주름살, 날아가는 잠자리 등에서도 말이다.

가장 평범한 것들조차 그 안에 신의 발자취가 담겨 있는데, 어떻게 신뢰하지 않을 수 있겠는가? 이러한 관점에서 보면 삶에 대한 신뢰는 실력을 쌓아올리는 것과 반대인 내려놓음에 가깝다. 삶을 신뢰한다는 것은 결국 신 앞에 자신을 내려놓는 것이다.

"우리는 거대한 지성의 품 안에 있으며 이 지성으로 인해 진리의 수혜자이자 활동의 도구가 된다. 우리가 정의를 깨닫고 진리를 깨달을 때, 자신은 아무것도 하지 않고 그저 지성의 빛이 우리를 가로지르도록 내버려둘 뿐이다"라고 에머슨은 말했다. 보뱅과 마찬가지로 에머슨 역시 삶을 신뢰한다는 것은 '거대한 지성'의 빛이 우리를 가로지르도록 모든 것을 내려놓는 것이라고 보았다.

우리가 오로지 사람의 능력으로 정의나 진리를 파악하고 있다고 믿을 때도 사실은 신이 우리에게 빛을 비추고 있는 셈이다. 자기 신뢰가 실력을 쌓아올리는 것뿐 아니라 일종의 내려놓음이라는 사실을 어떻게 이보다 더 잘 설명할 수 있겠는가? 비록 신을 믿지 않는 사람일지라도 이 사실은 누구도 부정할 수 없을 것이다.

베르그송은 삶이 좋은 것인 이유가 순수한 변화의 힘이기 때문이라고 했다. 삶은 벽을 타고 오르는 담쟁이의 능숙함 속에, 여우의 교활함이나 말의 빠른 질주 속에, 또는 우리의 실용적인 지식이나 위대한 예술가들의 천재성 속에 펼쳐져 있다. 결국 삶을 신뢰한다는 것은 이 창조성을 신뢰하는 것을 의미한다.

베르그송은 《정신적 에너지 L'énergie spirituelle》를 통해 이렇게 말하고 있다. "기쁨은 언제나 삶이 성공했다고, 세력을 잡았으며 승리를 거머쥐었다는 사실을 알리곤 한다. 모든 커다란 기쁨에는 승전의 분위기가 담겨 있다." 실제로 창조성을 발휘할 때 우리는 기쁨을 느낀다. 우리가 살아 있음을 진정으로 느끼기 때문이다. 이렇게 터져 나오는 기쁨은 스스로를 신뢰하는 데서 그치는 것이 아니라 삶 그 자체가 지닌 창조적 힘을 신뢰하고 있다는 사실을 보여주고 있는 것이다.

결국 자기 신뢰는 세상에 대한 신뢰다. 에드문트 후설 역시 세상을 믿어야 하며 그 외의 선택지는 없다고 했다. 이 세상에 태어났다는 것은 세상을 신뢰하도록 부름받았다는 의미이며, 신뢰하지 않고서는 그 어떤 삶도 존재할 수 없다. 우리는 태어난 바로 그날 이 세상에 맡겨졌다. 그러므로 삶을 신뢰한다는 것은 역으로 세상을 신뢰한다는 의미이며, 불신보다는 신뢰가 근본적인 것이다.

후설이 '근원적'이라거나 '보편적 기반'이라고 이름 붙이기도 한 이러한 신뢰가 없다면 우리는 적대적이고 낯선 세상 속을 살아가는 듯할 것이며, 나아가 광기에 감염되고 말 것이다. 세상에 대한 신뢰가 없다면 어떻게 자신을 신뢰할 수 있겠는가?

자연을 바라본다는 것은 이 세상 속 나의 자리에 있다는 사실, 즉 나의 세계에 속해 있다는 사실을 상기하는 것이다. 어떤 예술가들은 이 근원적인 감정을 예술로 표현한다. 메를로 퐁티는 세잔 Paul Cézanne도 그런 예술가 중 하나라고 보았다. 특히 세잔이 생트빅투아르 산의 모습을 다양하게 그려낸 작품에서 잘 드러난다.

메를로 퐁티는 세잔의 붓끝에서 이 세상이 우리 앞에 모습을 드러냈음을 발견했다. 또한 그러한 산은 멀리 떨어져 있는 물체가 아닌 우리와 같은 피부 아래, 세상이라는 살 속에, 세상과 우리 사이의 근원적인 혼란 안에 함께하는 존재로 그려지고 있었다. 자연에 대한 관심을 가져야 하는 이유도 여기에 있다. 이 세상을 돌보는 것은 결국 나 자신을 돌보는 것과 마찬가지기 때문이다.

후설이나 메를로 퐁티에게 삶에 대한 신뢰는 결국 우리와 결코 분리되지 않은, 우리와 동일한 살로 이루어진 이 세상에 대한 신뢰인 셈이다. 이 세상은 우리에게 속해 있지 않다. 우리가 세상에 속해 있는 것이다. 그러므로 세상에 대한 신뢰를 가지는 것은 자연스러운 일이다.

2
두려움을 길들이는 법

 자신감 훈련법이라고 하면 흔히 '매일 아침 눈을 뜰 때마다 어제보다 나은 하루가 될 거라고 외쳐라', '잠에서 깨어나자마자 거울 앞에 서서 당신은 멋진 사람이라고 반복하라', '크고 또렷한 목소리로 자신의 목표들을 외쳐라'라고 가르친다.

 그러나 이런 방법은 어리석고 해로운 방법이다. 인간의 정신이 복잡하다는 것을 무시하기에 어리석고, 불안감에 빠진 사람은 스스로를 더욱 탓할 위험이 있기에 해롭다.

나는 자신감이 없는데, 자신감을 얻기는 너무나 쉽다는 듯이 매일 아침 거울 앞에서 동기부여를 하기만 하면 성공할 수 있다고 단언한다면, 그런데도 나는 다시 실패한다면 어떤 기분이 들겠는가? 스스로에게 더 큰 책임을 지우고 더 많은 죄책감을 느끼지 않겠는가? 나는 이러한 방식이 얼마나 폭력적인지 깨닫고 적잖은 충격을 받기도 했다.

우리는 기계가 아니기 때문에 구부러진 철판을 펴듯 두드리는 것만으로 자신의 습관을 바꿀 수 없다. 우리는 컴퓨터가 아니기 때문에 프로그램처럼 껐다 켜는 것만으로 사고방식을 바꿀 수도 없다. 거울 앞에 서서 심호흡을 하고 긍정적인 말을 반복한다고 해서 자신의 재능을 발견할 수 있는 것이 아니다. 스스로를 납득시키고 조종한다고 해서 나를 구속하는 것들을 벗어던질 수 없다.

인간의 삶에는 매뉴얼이 없다. 그것이 우리가 자유로운 이유이며, 그렇기에 존재의 의미를 찾고자 하는 것이다. 존재의 의미가 금고 안에 숨겨져 있다고 해도 그것을 찾아내기 위해서는 '비밀번호' 그 이상의 것이 필요하다. 시간과 관심과 인내와 사랑이, 모든 것을 이해해야 한다고 생각하지 않을 능력과 삶의 신비로움 앞에서 스스로를 내려놓을 능력이 필요한 것이다.

자신감이 부족한 이유 중 하나는 삶이 불확실하기 때문이다. 삶에 대한 두려움을 줄이기 위해서는 뉴런을 재프로그래밍하거나 '개인 매뉴얼'을 찾는 등의 환상에 빠져 삶을 회피해서는 안 된다. 두려움을 이겨내고 나를 겁주는 것들을 길들이려는 노력이 필요하다.

삶은 우리의 기대에 어긋날 때, 그 결과가 긍정적이든 부정적이든 비로소 이름값을 하는 법이다. 삶이 기대한 대로 흘러간다면 그것은 더 이상 삶이 아닌, 일종의 프로그램에 지나지 않을 것이다.

실력인가, 믿음인가

나는 툴롱 해군기지에 정박해 있는 샤를 드골 항공모함에서 열렸던 한 강연을 통해 실력을 쌓음으로써 진정한 용기와 자신감을 얻을 수 있다는 것을 다시 한 번 깨달았다. 당시 강연에는 마크-앙투안 드 생제르맹 함장을 비롯해 프랑스 해군 전함 장교 10명이 참석했다.

자기 신뢰에 대한 강연을 하면서 그들과 생각을 공유할 수 있어서 즐거운 한편 긴장되기도 했다. 자기 신뢰가 철학적 이론처럼 들리는 것은 아닌지 갑자기 걱정이 됐다. 이슬람국가(IS)와 전쟁을 벌여야 하는 군인들에게 자기 신뢰의 힘은 삶의 신비에 기반을 두고 있어야 한다고 말하기가 갑자기 무모한 일처럼, 심지어는 말도 안 되는 일처럼 느껴졌다.

어쨌든 나는 영웅을 만난 어린아이처럼 이런저런 질문을 쏟아냈다. 내 질문에 대한 그들의 답이 매우 인상적이었다. 특히 두 명의 라파엘 전투기 조종사들의 이야기가 더욱 기억에 남는다.

칠흑같이 어두운 밤에 항공모함의 짧은 활주로 위로 전투기를 착륙시키는 방법을 설명하면서 그들은 내게 착륙신호장교의 역할을 이야기했다. 야간 착륙을 할 때는 착륙 도구의 힘도 믿을 수 없을뿐더러 운 좋게 항공모함의 형태가 어렴풋이 보인다고 해도 눈에 보이는 것을 그대로 믿을 수 없다는 것이다. 그래서 오로지 갑판 위에 서 있는 착륙신호장교의 무전 내용만을 신뢰해야 한다고 한다.

그들은 조종사가 하강 속도에 맞춰 전투기를 활주로에 착륙시킬 수 있도록 '구두로' 지시를 내린다. 결국 조종사들은 오로지 착륙신호장교의 지시만을 믿고 스스로를 '내려놓는' 것이다. 뭔가 보인다고 해도 자기 자신의 감각을 믿기보다는 무전을 통해 들려오는 동료의 지시를 맹목적으로 신뢰해야 한다.

여기에는 두 가지 요소가 긴밀하게 묶여 있다. 바로 실력과 관계다. 그런데 여기에 또 다른 무언가가 필요하다. 두 조종사가 각자의 방식으로 표현한 말 속에는 스스로를 완전히 신뢰하기 위해서는 그 이상의 무언가가 필요하다는 의미가 담겨 있었다.

한 조종사는 항공모함 위로 착륙할 때 무엇이 필요한지 묻자 "확실한 건 믿음이 있어야 해요!"라고 말했다. 다른 조종사는 활주로로 다가갈 때 어떤 생각을 하느냐는 질문에 "인샬라(신의 뜻대로)!"라고 답했다. 이것은 곧 삶에 대한 믿음이다. 삶에 대한 믿음은 무언가를 믿는 것이 아니라 신뢰 그 자체이다.

삶이 위협하는 것

끔찍한 사건을 겪고도 여전히 삶에 대한 신뢰를 간직하는 사람들이 있다. 평범하고 안락한 삶을 버리고 오로지 날것의 삶을 살기로 결심한 위인들도 있다.

앙투안 레리스Antoine Leiris는 2015년 11월 13일 파리 '바타클랑 극장'에서 벌어진 테러 사건으로 아내를 잃었다. 그로부터 며칠 뒤, 그는 아내를 죽음으로 몰고 간 테러범들을 향해 편지를 써서 페이스북에 게재했다. 이후 《당신들에게 분노하지 않겠다Vous n'aurez pas ma haine》라는 책으로 출간되기도 한 이 편지의 내용은 이러하다.

"지난 금요일 밤, 당신들은 특별한 생명을, 내 일생의 사랑을,

내 아들의 엄마를 앗아갔다. 그러나 나는 당신들에게 분노하지 않겠다. 나는 당신들이 누군지 모르고 알고 싶지도 않다. 당신들은 죽은 영혼일 뿐이다. 당신들은 신을 위해서라고 하며 맹목적으로 사람들을 살해했지만, 그 신이 우리를 그의 형상대로 만들었다면 내 아내의 몸에 박힌 총알 하나하나는 신의 심장의 상처가 되었을 것이다. 그러므로 나는 당신들에게 분노하지 않겠다. 당신들에게 분노하고 증오하는 것은 당신들과 똑같이 무지에 굴복하는 것이다. 내가 두려워하고, 같은 나라의 국민들을 불신의 눈으로 바라보고, 안전을 위해 자유를 희생하기를 바라겠지만, 당신들은 실패했다.

물론 나는 애통함으로 산산조각 났다. 이 작은 승리는 당신들에게 양보하겠다. 하지만 그 승리는 오래가지 않을 것이다. 나의 아내가 매일 우리와 함께할 것이며, 당신들은 결코 갈 수 없을 자유로운 영혼들이 있는 천국에서 다시 만나리라는 것을 알고 있다.

아들과 나, 우리는 두 사람뿐이지만 이 세상의 어떤 군대보다도 강하다. 더 이상 당신들에게 쏟을 시간이 없다. 낮잠에서 깨어난 아들 멜빌에게 가봐야 한다. 멜빌은 이제 막 17개월이 됐고, 평소처럼 밥을 먹을 것이다. 우리는 평소처럼 함께 놀 것이다. 그리고 이 어린아이는 평생 동안 행복하고 자유롭게 살아 당신들에게 수

치심을 안겨줄 것이다. 왜냐하면 당신들은 이 아이의 분노도 얻을 수 없기 때문이다."

가슴을 에는 듯한 이 편지는 삶이 부당하거나 무지와 증오가 기승을 부릴 때도 우리는 여전히 삶을 신뢰할 수 있다는 사실을 보여준다. 그는 '이 어린아이는 평생 동안 행복하고 자유롭게 살아 당신들에게 수치심을 안겨줄 것'이라는 멋진 말을 남겼다. 이 수치심은 삶을 위협하는 것에게 삶이 안겨주는 것이다.

물론 싸움에서 이기지는 않았다. 힘든 순간도, 회의가 들고 낙담할 때도 있을 것이다. 하지만 이것이 바로 자기 신뢰의 의미다. 자기 신뢰는 어떤 일에도 불구하고 신뢰하는 것이다. 삶을 신뢰한다는 것은 삶이 간단하고 그 의미도 명확할 거라고 믿는 것이 아니다. 그렇다면 자신의 삶을 굳이 '신뢰'할 필요가 없을 것이다.

마약에 취한 테러범들이 바타클랑 극장을 피로 물들이며 그의 부인과 129명의 사람들의 목숨을 빼앗았지만, 앙투안 레리스는 이 또한 삶의 일부임을 알고 있었다. 그럼에도 그의 아들이 계속해서 '밥을 먹고', 함께 놀고, 자유로운 사람으로 성장해 갈 것이라는 대목은 어떤 일에도 불구하고 삶에 대한 신뢰를 잃지 않는다는 것을 보여준다.

삶을 가장 많이 신뢰해야 할 때는 바로 삶이 위협당할 때다. 역설적이게도 비극적인 순간일수록 삶에 대한 신뢰가 두드러진다. 모든 것을 박탈당하는 극한의 상황일수록 삶에 대한 신뢰가 나타난다.

이해할 수 없는 것조차 받아들이는 힘

1914년 네덜란드에서 태어난 유대인 여성인 에티 힐레숨이 1941년 3월부터 1943년 9월(아우슈비츠로 이송된 뒤 부모님, 남동생과 함께 살해되었다)까지 기록한 일기가 《가로막힌 삶 An Interrupted Life》이라는 제목으로 출간되었다.

똑똑하고 고민도 많던 그녀는 주로 연상이었던 연인들을 만나며 즐거운 삶을 살고 있었다. 그러던 중 1941년 융 Carl Gustave Jung의 제자인 심리학자 줄리어스 스피어 Julius Spier를 만나 심리치료를 받았고, 이후로 그녀는 그를 정신적 스승으로 삼았다.

그는 그녀에게 자신만의 욕망을 따라 나아가도록 권했고, 성경의 복음서들과 성 어거스틴 Saint Augustin과 에크하르트 Meister Echkhart의 글을 가르쳐주기도 했다. 힐레숨은 일기장에 그와의 관계 덕분에 진정한 자기 자신으로 거듭나는 듯하다고 적었고, 또한 자신을 하나님 앞으로 이끌어준 사람이라고 했다.

힐레숨은 순수한 삶의 기쁨 속에서 믿음을 키워갔다. 사랑하고 나누며, 도움을 주고 끌어안으며 살기를 바랐다. 그러나 유대인에 대한 탄압이 점점 심해지고 있었다. 나치는 유대인들을 베스터보르크에 있는 수용소로 이송시켰다. 이곳은 '집결지' 역할을 하던 곳으로, 아우슈비츠행 기차가 주기적으로 출발하는 곳이어서 '홀로코스트의 대기실'이라고 불리기도 했다.

힐레숨은 다행히 붙잡히지 않았지만 친구들을 비롯한 많은 유대인들이 잡혀가는 모습을 지켜봐야 했다. 그녀는 그들과 멀리 떨어지고 싶지 않았다. 그래서 유대인평의회에서 주관하는 '집결지 유대인 구호대'에 지원해 수용소 파견을 자청했다. 그녀는 고통받는 사람들에게 도움을 주고, 어둠이 짙은 곳에 빛이 스며들기를 바랐다.

《가로막힌 삶》에서도 "모든 상처에 대한 진통제가 되고 싶다"는 구절이 있다. 마침내 베스터보르크에 도착한 그녀는 제자리를 찾은 듯한 느낌이 들었다. 그 이후로 그녀는 그곳에서 부모님, 남동생, 그리고 강제 수용된 모든 유대인 형제자매들과 함께했다. 힐레숨은 특히 수용소 내 진료시설에서 구호활동에 헌신했는데, 여기에서 조금이나마 일상을 견딜 수 있었다.

그곳에서 그녀는 많은 이들을 보살피고 안심시켰으며, 이야기를 나누거나 먹을 것을 가져다주었다. 아이 엄마들이 더 이상 아이를 안을 수 없을 만큼 지치면 다가가 아이를 대신 돌봐주었다. 이곳의 생존자들은 이후 힐레숨에 대해 회상할 때 하나같이 그녀에게서 빛이 나고 있었다고 말했다.

그녀는 남들이 보지 못하거나 보려고 하지 않았던 사실을 빠르게 깨달았는데, 그것은 베스터보르크를 떠나는 열차는 모두 죽음으로 가는 편도 열차라는 사실이었다.

"내게는 커다란 신뢰가 있다. 삶이 좋아질 거라는 확신이 아닌, 최악의 순간에도 변함없이 삶을 받아들이고 좋아할 수 있으리라는 확신이다."

그녀의 편지와 일기로 가득한 이 책을 읽다 보면, 스물여덟의 젊은 여성이 공포의 한복판에서도 삶과 신과 사람에 대한 신뢰를 하루하루 지키며 살아가는 모습을 발견한다. 그녀는 어느 날의 일기에서 이런 말을 남기기도 했다.

"사람이라는 이름에 걸맞은 단 한 명이라도 있다면, 사람과 인류를 모두 믿을 수 있을 것이다."

힐레숨이 삶을 신뢰하는 것은 결코 인간이 어디까지 악해질 수 있는지를 모르기 때문이 아니다. 그녀는 그저 삶의 전부를 받아들였다.

"삶과 죽음, 고통과 기쁨, 상처투성이 발에 생긴 물집, 건물 뒤에 피어난 재스민 꽃, 갖은 핍박, 헤아릴 수 없는 잔혹행위, 이 모든 것이 내 삶을 이루고 있다."

1943년 6월 8일에 쓴 그녀의 편지에는 이렇게 적혀 있다.

"하늘에는 새들이 가득하고, 보랏빛 루핀 꽃들은 평화롭게 흐드러지고, 할머니 두 분이 궤짝에 걸쳐앉아 수다를 떨고, 햇빛은 얼굴 위로 부서지고 있는데, 우리의 눈앞에서는 학살이 일어나고 있네요. 모든 일은 이토록 이해할 수 없어요. 저는 잘 지내고 있답니다. 사랑을 담아, 에티로부터."

그녀는 이해할 수 없는 삶의 모든 것을 받아들였기에 '잘 지낼 수' 있었다. 극한의 상황에서도 모든 것을 이해하려고 하지 않았기 때문에 삶을 신뢰할 수 있었던 것이다. 그녀는 악과 선을 모두 가지고 있는 삶의 신비로움을 받아들였다. 아우슈비츠로 가기 며칠 전의 일기에는 "물론 전멸로 끝나겠지만, 적어도 은혜로 따르자"라고 적혀 있었다.

신뢰가 최고점에 달하면 더 이상 통제가 아닌 나보다 더 큰 존재를 향한 내려놓음의 형태가 된다.

"우리는 각자 자신의 집에 있다. 우리가 모든 것을 받아들이면 하늘이 펼쳐진 모든 곳이 집이고, 이 땅 위의 모든 장소가 집이 된다."

시련의 한복판에서 갑자기 다시금 터져 나오는 기쁨을 느끼는 것, 삶이 나의 기대에 부응하지 않을 때조차 삶을 사랑할 수 있다고 여기는 것, 그것이 곧 자기 신뢰이며 삶에 대한 신뢰인 것이다.

이 책의 집필을 마치던 그날, 샹송 가수 프랑스 갈France Gall이 세상을 떠났다. 라디오에서는 그녀의 노래 '그는 일어선 채로 피아노를 쳤지Il jouait du piano debout'가 흘러나왔다.

> 그는 일어선 채로 피아노를 쳤지
> 겁쟁이들이 무릎을 꿇을 때
> 병사들이 차렷을 할 때

> 그는 그저 두 발로 서서
> 그답기를 원했지
> 당신은 이해할까

　미셸 베르제르Michel Berger가 작사한 이 곡은 자기 신뢰에 대한 찬가나 다름없다. 이 노래는 오로지 자기 신뢰만을 이야기하고 있다. 자신을 신뢰한다는 것은 일어선 채로, 나 자신을 자유롭게 드러낼 수 있는 방식으로 피아노를 치는 것이고, 한 발은 안전지대에 두고, 다른 발로는 모험하며 '두 발로' 전진하는 것이다.

　자신을 신뢰한다는 것은 규범과 장벽 앞에 무릎 꿇고 자신의 삶을 향해 '예'라고 말하지 못하는 내 안의 '겁쟁이'를, 자신의 욕망보다는 질서에 순응하는 것이 더 쉽다고 여기는 '차렷한 병사'를 잠재우는 것이다.

> 그는 일어선 채로 피아노를 쳤지
> 당신에게는 사소한 일일지 모르지만
> 나에게는 많은 의미가 있지
> 그건 그가 자유로웠다는 뜻
> 우리와 함께함이 행복했다는 뜻

자신을 자유롭게 하고 스스로의 목소리에 귀를 기울이자는 권유는 철학의 첫 발걸음을 떠오르게 한다.

소크라테스는 논쟁 상대에게 오로지 스스로 생각하고 스스로를 신뢰하라고 권했다. 그가 아는 것은 단 한 가지, 자신이 아무것도 모른다는 사실을 아는 것이라고 했다. 제자들을 자유롭게 해줄 이보다 더 효과적인 방법이 뭐가 있겠는가? 소크라테스는 제자들에게 그 어떤 지식도 전수하지 않았다. 그저 제자들을 콤플렉스에서, 잘못된 생각에서 벗어나게 해주었을 뿐이다.

그로부터 21세기 후, 데카르트는 우리 모두가 각자 자신만의 사고를 갖추어 확실하지 않은 모든 것을 의심하고 완전히 새로운 근거를 기반으로 다시 지식을 구축하기를 권했다. 이보다 더 극단적인 지식적 경험은 없을 것이다. 그럼에도 데카르트는 자신의 이성에 대한 절대적 신뢰를 요구했다.

파스칼 역시 교회와 사제들에게 등을 돌리고 나만의 골방으로 들어가 내밀한 마음속에서 신의 진리를 만나도록 권했다. 반대로 니체는 신이 없는 세상에서는 차라투스트라가 그러했듯 골방을 나와 산을 오르며 자기 삶의 가치를 찾아야 한다고 권한다. 그러나 결국 이 권유들은 모두 하나같이 자기 자신을 신뢰하라는 얘기를 하고 있다.

칸트, 디드로, 달랑베르 등이 주장한 계몽주의 철학에서도 이러한 권유는 계속된다. "네 이성에 귀를 기울이라. 너만의 행동규범을 밖에서 찾지 말라. 그것은 네 안에 존재한다. 너 자신을 신뢰하라. 네 비판 정신을 신뢰하라. 물론 의심이 들 때도 있다. 네 이성을 따르는 것이 선입견을 따르는 것보다 훨씬 더 어려운 법이다. 그러나 그렇게 너는 성장할 것이다."

철학자들은 각자의 언어와 개념으로 자기 신뢰를 노래하고 있다. 자기 신뢰에 이름조차 붙이지 않은 경우도 허다하다. 그러나 결국은 모두 자신의 자유를 움켜쥐도록, 자신의 유일무이함을 지키도록, 자신만의 별을 신뢰할 것을 권하고 있다.

올해로 20년째 고등학생들에게 철학을 가르치고 있는 내게 있어 아이들이 무언가를 깨닫는 모습, 주장하고 비평하는 모습, 동요하고 반박하는 모습, 자신만의 생각과 직관과 미래를 믿는 모습, 즉 자기 자신을 신뢰하는 모습을 볼 때만큼 기쁜 일이 없다. 나는 항상 아이들에게 자기 신뢰를 찬양하는 철학자들과 의심, 불안정, 염려를 찬양했던 철학자들의 이야기도 들려준다. 아이들은 이것을 빠르게 이해한다. 의심이 존재하지 않는다면 자기 자신을 신뢰해야 할 필요도 없을 것이라는 사실을 직관적으로 이해하는 것이다.

자기 자신을 신뢰한다는 것은 자신을 확신하는 것이 아니다. 자기 신뢰란 불안함에서 벗어나기보다 불안함을 마주할 용기를 가지는 것, 의심에 철저히 맞서며 그 안에서 도약할 힘을 찾아내는 것이다.

LA CONFIANCE EN SOI. Une philosophie
by Charles Pépin

내 인생의 운명을 바꾸는

자신감 철학

- 1판 1쇄 인쇄 __ 2025년 10월 15일
- 1판 1쇄 발행 __ 2025년 10월 20일

- 지 은 이 __ 샤를 페팽
- 옮 긴 이 __ 김보희
- 펴 낸 이 __ 박효완

- 기　　획 __ 강용구
- 편집주간 __ 추지영
- 홍　　보 __ 임종욱
- 마 케 팅 __ 윤세민
- 물류지원 __ 비엔북스

- 발 행 처 __ 아이템하우스
- 등록번호 __ 제2001-000315호
- 등 록 일 __ 2001년 8월 7일

- 주　　소 __ 서울특별시 마포구 동교로 75 (망원동), 전원빌딩 301호
- 전　　화 __ 02-332-4337
- 팩　　스 __ 02-3141-4347
- 이 메 일 __ itembook@nate.com

ⓒ ITEMHOUSE, 2025

ISBN 979-11-5777-174-5

※ 파본이나 잘못된 책은 교환해 드립니다.